游名校

余帅 著

江苏凤凰文艺出版社
JIANGSU PHOENIX LITERATURE AND
ART PUBLISHING

图书在版编目（CIP）数据

游名校 / 余帅著. -- 南京 : 江苏凤凰文艺出版社,
2024. 9（2025. 9重印）. -- ISBN 978-7-5594-8749-0

Ⅰ. G649.1

中国国家版本馆CIP数据核字第2024KQ1420号

游名校

余 帅 著

责任编辑	项雷达	
图书策划	马识程	
装帧设计	青研工作室	
出版发行	江苏凤凰文艺出版社	
	南京市中央路 165 号，邮编：210009	
网　　址	http://www.jswenyi.com	
印　　刷	北京中科印刷有限公司	
开　　本	690 毫米 ×980 毫米　1/16	
印　　张	18	
字　　数	180 千字	
版　　次	2024 年 9 月第 1 版	
印　　次	2025 年 9 月第 2 次印刷	
书　　号	ISBN 978-7-5594-8749-0	
定　　价	68.00 元	

江苏凤凰文艺版图书凡印刷、装订错误，可向出版社调换，联系电话025-83280257

清华大学

北京大学

中国人民大学

复旦大学

上海交通大学

南京大学

武汉大学

中国科学技术大学

中山大学

園
那
桐

清华大学

　　清华大学的前身清华学堂始建于 1911 年，1912 年更名为清华学校[①]。1928 年更名为国立清华大学。1937 年抗日战争全面爆发后南迁长沙，与北京大学、南开大学组建国立长沙临时大学，1938 年迁至昆明改名为国立西南联合大学。1946 年迁回清华园。

---

　　① 1909 年 7 月，清政府设立游美学务处，附设游美肄业馆。1911 年 4 月，清政府批准将游美肄业馆改名为清华学堂，并订立章程。4 月 29 日，清华学堂在清华园开学。

学校简称：清华

建校时间：1911 年

校本部：北京市海淀区双清路 30 号

学校类别：综合类

办学层次：位列国家"双一流"A 类、"211 工程""985 工程"
建设高校

「探」清华

身临其境

清华大学校训
自强不息，厚德载物

◇ 清华校园——好大！好漂亮！超乎想象！

踏进清华校门，校车来回穿梭，不知道自己该往哪个方向走，太大了！自由地走了一个多小时，美景根本拍不完，自己对大学的认知和理解不断被刷新。不来清华看看，它的好你是想象不到的。看了学校平面图，我被震惊了，结果自己转悠了半天，只是看了清华一角。所以，要来游清华的同学一定要早点来，不然一天根本游不完。

◇◇ 清华图书馆——沉浸式学习

假期的钟声还未敲响，清华的图书馆已然成为学子们寻宝游戏的场所。书海中，座位犹如稀世珍宝，一席之地，难求。学子们各自施展十八般武艺，寻觅一方宝地，然后开始了一整天的学术探险。

我曾驻足观察，那些孜孜不倦的学子，他们眼中的光芒，如同夜空中的北斗，坚定而明亮。我轻轻走上前去，试图一探究竟，然而他们仿佛与世隔绝，只顾沉浸在知识的海洋中。

他们不会在看书学习的时候三分钟聊天、玩手机，一分钟学习，而是真正做到了全程都在学习，只在休息的时候玩会儿手机。这种自律精神，让我深感敬佩：他们能在学习时全情投入，玩乐时又能尽情释放。

提及图书馆，真不是随便说说，那些清华骄子们，真正诠释了"学习如吸铁石，深厚的知识无时无刻不在吸引着你"。

如此热爱学习的氛围，让我热血沸腾，迫不及待地想见识一番。那就直奔那七个图书馆吧！

我最喜欢的是找一个充满智慧与深沉的所在，自强不息，厚德载物。每个座位都有一个绿色的护眼台灯，如一盏明灯照亮你的前行之路。在墙角处，还有那翠绿的植物，静静地生长，为整个空间增添了一丝宁静与生机。

在这知识的海洋里，每一个读者都是勇敢的水手，在书海中驾驶着航船，探寻着无尽的奥秘。这个图书馆不仅仅是一个获取

零零阁

知识的地方，更是一个孕育梦想、启迪智慧的殿堂。

当你踏入这片校园，你会深深地感受到这里的设施之优，如同走进了一座精致的工艺品馆。那些椅子、桌子，全都由纯天然的实木精心打造，每一处细节都透露出无与伦比的质量。它们不仅仅是简单的家具，更是毕业的校友们对母校深深的情谊与承诺，充满意义。

更让人动容的是，无论是食堂里的美食，还是温馨的寝室，或是有学术氛围的教室，无不以学生为中心，用心地为他们的学习和生活提供最大的支持。

多年后，那些从清华走出，成为社会精英的同学们，他们将带着在这里学到的知识和能力，用他们的智慧和汗水回馈社会，让这个世界因为他们而变得更好。所以，在清华的校园里，你会

看到这样一句话被镌刻在墙上："为祖国工作五十年！"这句话不仅是对每一位清华学子的期许，也是对他们未来人生的指引。他们将带着母校的教诲，走向世界，用自己的力量，为祖国的繁荣昌盛贡献力量。

◇◇ 清华教室——下课走不了的老师

我曾在教学楼里游游荡荡，眼睛四处打转，猛然间发现那一群学生呀，简直像小小的求知火种，扑向知识的海洋，围着老师问东问西。

你知道吗？每当教室的铃声一响，那些学生就像蜜蜂一样飞向花丛，带着满腔的热情和好奇，去探索那未知的知识领域。

而且呀，他们一问就是十几二十分钟，那热情简直就像火山爆发，有时候老师都没时间去厕所。

清华的老师们也特别棒。他们的耐心像潺潺的流水，无论学生问多少问题，他们始终保持微笑，耐心解答。他们可不是一般的大学老师，而是国内顶尖的教授或专家，他们的知识就像璀璨的星光，照亮了学生们前进的道路。

他们不仅是知识的传播者，更是学生们的引路人。

漫步在学校走廊，我遇见一位独坐在窗边全神贯注的学生。他的身影，如同一幅淡雅的水墨画，静静地描绘着知识的轮廓。

那些数字在他的笔下跳动，如同精灵一般。他的眼神中充满了光芒，那是对知识的渴望，对未知的探索。他仿佛与世界隔绝，沉浸在数学的世界中。

◇ 清华食堂——美食与诗意并存的地方

走进清华，看到"阔气"的校园环境，看到来自五湖四海的天才学子，一种莫名的兴奋一直在我心头萦绕。其中，最让我难忘的，便是清华食堂，那一道道美食，实在令人回味无穷。

清华食堂的佳肴，我钟爱的是烤鸭，脆皮焦香，鸭肉鲜嫩，微咸的味道与米饭相得益彰，每一次品尝都仿佛是一场味蕾的盛宴。我从没在其他地方吃过这么好吃的烤鸭，可以说这道烤鸭是清华食堂的独门秘籍，也是清华食堂的招牌菜，常常需要排队等待。

每一次来到清华，我

的味蕾第一时间告诉我：它想吃烤鸭，它怀念那个味道。

清华之"美味"，岂止于那一抹金黄，夏日的热情里，更有西瓜与小龙虾的诱惑。尤其是那西瓜，宛如夏日的天使，甜蜜得让人心动。

小龙虾之美味，更胜一筹，厨师们的巧手如诗如画，不得不赞叹清华的烹饪艺术。每一口，都像是在品尝生活，是那么真实，那么满足。那种好吃到哭的感觉，恐怕只有清华的食堂美食能带给我。瞧这清华的食堂，二十多个窗口，如同百宝阁，有蛋糕的香甜，有寿司的清新，有面条的筋道，有米粉的浓香，还有西餐的精致。这么多口味，这么多

种选择，我如同在知识的海洋中找到了心仪的宝藏。

就算是再挑剔的味蕾，也一定能在这丰富的美食中找到一份感动。在这里，每一口都是满足，每一口都是幸福。

清华食堂，那可是个美食与诗意并存的地方。你看，食堂的每一层都如同彩虹般缤纷，色彩斑斓的设计让人眼前一亮，舒适至极。

我就特别偏爱那层被黄色渲染的食堂，阳光透过巨大的玻璃窗，洒在身上，暖洋洋的，简直就像是在拥抱整个春天。不止如此呢，这里的设施也是一流的。

电梯上下穿梭，快捷方便，柱子边上的插座就像是食堂赠予我们的免费充电站，手机、电脑在这里能随时充电，真贴心。

在忙碌的学习生活中，有这样一个食堂在身边，就像是有个小憩的港湾。

◇ 清华操场——吹拉弹唱，琴棋书画

清华的操场，那可是犹如百舸争流，活力四射，活动缤纷多彩！

瞧瞧那青春洋溢的面庞，向往着星辰大海，如痴如醉。

有的一边喝着茶，一边聊着天，那叫一个悠闲；有的则端坐在草坪上，凝神对弈，一招一式间尽显棋艺之妙。

还有的围坐在地上，玩着轻松愉快的桌游，笑声不断；还有人，直接在草地上玩起了飞行棋。

清华的操场就像一个大舞台，上演着一幕幕人生的喜剧，充满了欢笑与激情。你看那些排着队等待投篮的同学们，他们的眼神中充满了期待与坚定，仿佛在说："篮球是我的生命，我要在球场上挥洒汗水！"

　　这就是清华的操场，它见证了无数青春的热血与激情，也见证了无数梦想的实现。

　　有的班级会组织各种户外拓展活动，像徒步、攀岩、划船等，不仅锻炼了身体，还增强了团队的凝聚力。有的社团还会定期举办讲座、音乐会、艺术展览等活动，丰富了同学们的课余生活。所以说，清华的操场绝对是一处充满活力与热情的乐土！

　　每逢佳节，清华的操场便热闹非凡，上千颗心灵在此汇聚，你会惊讶地发现，清华的学子们，不仅热爱生活，更热爱运动。看，有的如矫健的猎豹在奔跑，那是足球场上的勇士；有的如轻盈的蝴蝶在飞舞，那是羽毛球场上的健将；有的如欢快的鸟儿在跳跃，那是跳绳的少女；还有的如猛虎下山般在冲刺，那是跑步的勇士。在篮球场上，他们如雄鹰展翅；在网球场边，他们如蜜蜂采蜜；在游泳馆内，他们如鱼儿入水，尽情畅游。

　　运动之于清华的学子们，不仅仅是一种休闲方式，更是一种

生活态度，是对健康的追求、对美好生活的热爱。

在这广袤的天地间，大家弹着吉他，或拿着麦克风，吟唱着那撩人心弦的情歌，宛如一曲曲生活的赞歌。而他们之中，更有翩翩起舞的，展示着街头的魅力，那是青春的跃动，是热血的燃烧。

看啊，大家围坐成一个圆圈，犹如璀璨的繁星汇聚，闪烁着希望与梦想。

这就是我所钟爱的校园氛围，走过了那么多名校，只有在清华，才能感受到这般热烈、青春、激扬的气息。

这里既是书本的海洋、知识的世界，更是充满活力、充满激情与才艺的大舞台。学生们并非人们眼中只会读书的"书呆子"，他们多才多艺，不仅能吹奏悠扬的笛音，还能舞动身姿，或弹奏钢琴。

◇◇ 清华社团
——"百团大战"

清华的学子们可是玩转社团的高手，独领风骚的行家。那里有众多的社团，宛如繁星点点，射箭社、桌牌社、动漫社、魔术社等等，一应俱全。其他大学有的社团，清华都有；其他大学没有的，清华亦有。尤其是社团招新那天，场面真是一场热闹非凡的盛宴，犹如市集般繁忙，让人目不暇接。

上百个社团的招新摊位前，学子们热情洋溢，如同蜜蜂般穿梭于花丛中。我仿佛置身于一场五彩斑斓的梦境中，每个社团都有其独特的魅力，让人流连忘返。

就拿射箭社来说吧，那些学子们身姿矫健，箭术精湛，仿佛英勇的弓箭手，在弦上起舞。

再看桌牌社，那里的游戏规则千奇百怪，让人捧腹大笑，瞬间忘却了学习的疲惫。

　　动漫社的同学们则如同一个个画中人，用他们的热情和想象力，为我们描绘出一个梦幻的世界。

　　而魔术社的学长学姐们更是神奇，他们的魔术如同生活的调料，让人在惊喜中品味生活的美好。

　　这就是清华的魅力所在，它不仅是一所高等学府，更是一个充满活力和创意的社区。在那里，你可以找到自己的兴趣爱好，结交志同道合的朋友，一起探索这个精彩的世界。希望你也可以有机会亲身体验一下，感受那份独特的欢乐与激情。

余老师感悟与寄语 //

◎ 这个纷繁复杂社会的种种，是你内心的知识宝库，是你不屈不挠精神的强大动力，是你面对挑战时警示你该有的乐观与勇敢，是你那永不言败的自我意志的助推器。这些皆源自书籍的滋养、知识的积累。它们如同坚固的盾牌，为你抵御风雨，为你撑起一片天。

◎ 我未曾目睹，那些早起的鸟儿，那些勤奋自律的灵魂，在命运的考验面前，会发出怨言，会在考试中落败。相反，在名校的殿堂里，这样的人比比皆是：他们用行动诠释着努力的意义，用汗水浇灌着成功的希望。

◎ 人生最宝贵的财富，不是金银财宝，而是那个不断向上的自己。

◎ 生活不会辜负那些持之以恒的努力者，不会辜负那些不懈的追求者。

◎ 如果生活似乎对你不公，那只是提醒你，你的努力还不够，你要继续前行，继续奋斗，直到你站在成功的巅峰，俯瞰过往的艰辛。

◎ 努力是通往辉煌的阶梯，让我们在挑战中成长，在每一次的坚持中，学会坚韧，建立自信。不为了短暂的荣耀，而为了永恒的价值，在知识的海洋里，找到自己，成就未来。

蜕变始于一个不可思议的想法
——清华学子采访记

· 姓名：斯坦
· 就读院系：清华大学信息学院

　　儿时那个流着鼻涕，还要一心要做科学家的我一定难以想象，今天的自己能够站在国际舞台上，在奥地利维也纳和全球顶级的人工智能科学家一道，分享自己最新的研究成果。直到今天，我终于深刻理解了这样一个道理：每一次蜕变，都始于一个自己不可思议的想法。因此，我在这里，想要与大家分享我的经历，希望能够给大家一点动力。

　　我作为家中的第三个孩子，在山西一个平凡而贫穷的小山村出生。父母都是朴实的农民，尽管他们的教育水平不高，但抱持着质朴而坚定的信念：一定要让孩子们接受良好的教育。

　　我至今还记得，我们农村的小学就是村头的几间破旧的瓦房，教室凹凸不平的地面上总会因为下雨增添几个新坑。窗户上仅剩的几块玻璃也在风中摇摇欲坠，不久会被硬纸板取代，整个教室也变得越来越昏暗。当时所有家庭的物质条件都是如此，回忆起自己的童年依旧是满满的幸福与美好。印象里两个姐姐几乎从未考过第二名。虽然我唯一的课外书是姐姐们的课本，但成绩一直在前两名，这也成了这个家庭中一抹难忘的光亮。在小升初考试时，我荣幸考到了全公社的第二名，得以进入县城开始自己初中阶段的学习。

👉斯坦同学我见过几次，当我听到有好几个企业开出200万年薪聘请他时，我惊呆了，但让我更惊讶的是他从小在山村长大，唯一的课外书是她姐姐的课本，在这样的学习条件下，后来的他逆袭到了清华，让我佩服得五体投地。

县城的生活总是花花绿绿。第一次见到了超市，需要自己进去选而不是让小卖部的叔叔帮自己拿，也见到了被父母形容为"洪水猛兽"的网吧。在县城最大的新华书店里边，我也第一次有机会看到偶像爱因斯坦的传记《爱因斯坦传》。"通向人类真正的伟大境界的通道只有一条苦难的道路。"那个时候我才真正知道天才和优秀的差距，爱因斯坦在初中的时候已经可以读懂深奥的代数和几何内容，已经能够深入思考麦克斯韦的电磁理论，那时候我的脑海中出现了一个不可思议的想法："我可以当科学家吗？"这个念头支撑着我在初中时不能只满足于考第一，而是要在数学和物理领域有超前的探索与思考。

很幸运，我凭借自己的一点小聪明，中考也考到了全县前列，得以进入县里最好的高中。那一年，当我看到亲戚的孩子考入北京邮电大学时昂扬的姿态，我的心中掀起了波澜。那一刻，我的心中再次出现了一个不可思议的想法："我可以进入清华大学吗？"这个梦想，就像一颗种子，深深植根于我的心底，并开始悄悄生长。高中的生活因此充满了意义和动力。每天，当晨光照进教室，我已经坐在那里。课堂上，我全神贯注地听讲，像是通向清华的火车又前进了一小段。下课后，教室成了我的第二个家，我渴望汲取每一滴知识的甘露，那是通往清华的火车需要的燃料。

晚自习时，教室的灯光显得格外温暖。周围的一切仿佛静止了，只剩下我和试卷，以及内心深处不断燃烧的梦想。那些晚上，我的思绪在试卷和笔记间穿梭，每一次解答都是对自己的挑战和肯定。即使偶尔感到疲惫和困惑，想到那个遥远却又清晰的梦想，我又能重新振作起来。

高考结束了，很不幸发挥失常与清华失之交臂，但是拿到了北大的录取通知书。去北大学医还是复读冲清华，是我那年暑假每一个晚上都在艰难选择的事情。周围的亲戚朋友都劝我去北大，复读也不一定有好结果。我想说服那个当年

> 👉 面对北大这么好的名校，斯坦同学依旧要去实现自己的清华梦。我想这份勇气和决心，以及不畏困难的毅力，就是他能考上北大的原因，也成就了他之后复读如愿考上清华的故事。

执着于清华的我，北大也是名校，学医也没什么不好。去北大看一看，说不定就会爱上它。就这样，我踏上了去往北京的火车，绿皮车一路颠簸了 15 个小时。因为只买到了站票，一路上没有入睡，也想了很多。

来到北京以后，第一时间去逛了清华大学，梦里的二校门突

然出现在眼前。见到了很多的教学楼、餐厅、图书馆和操场，我突然听到内心的召唤："我是为清华而生的。"当然也抽空逛了北大，见到了未名湖与博雅塔，很美也很大气，但它不属于我。这趟北京之旅，本该说服自己接受北大，最后反而被自己说服了，我要上清华，任何人都改变不了。

如果我人生的第一次出山，就以妥协告终，就是为今后的人生开了个"坏头"。背起行囊，再一次坐在了高中的教室里，我更加珍惜时间，每一分钟都在为梦想而奋斗。朋友们的不理解和家人的不支持，反而成为我不断前进的动力。考试不再只是一种评价，而是我向梦想靠近的里程碑。即使面对困难和挫折，我也从未放弃，因为我知道，每一次努力，都是向着梦中的清华大学，迈进了新的一步。

那些日子，我学会了坚持和努力，也学会了如何面对压力和挑战。清华大学的梦想，就像一盏明灯，照亮了我高中生活的每一个角落。这段旅程，不仅仅是学习的过程，更是我成长和蜕变的旅程。

终于等来了高考放榜的那天，非常幸运，我的坚持赢得了命运的青睐，我终于以绝对的成绩优势进入朝思暮想的清华。那天晚上一夜没睡，我在幻想着自己接下来的清华生活将会是什么样子，我也在反思自己能实现目标是因为什么。是因为自己真的就天赋异禀，还是因为自己踩中了万里挑一的运气，都不是，是源于当初那个不可思议的想法，"一个普通的山里娃，也可以上清华！"

来到清华以后，我无时无刻不在感谢当初有魄力的自己。清华大学的校园环境堪称一流，古朴典雅的建筑和现代化的设施完美融合，为学生提供了舒适的学习和生活环境。春日的樱花、秋天的银杏，一年四季都有不同的风景，让人心旷神怡。清华之大，大到容纳你未来的无限可能。清华为学子们提供了丰富的机会。从国际交流、科研项目到各类学术竞赛，清华大学都为学生创造了良好的条件。许多优秀的学生通过这个平台走向世界，成为各个领域的领军人物。清华一共有7个图书馆，图书馆藏书丰富，实验室设备先进，还有各种体育和文化设施，使学生能够全面发展。清华还有19个餐厅，可能吃到毕业都不一定能品尝完。同时，学校还拥有强大的师资力量，他们严谨的治学态度和深厚的学术造诣为学生提供了最好的指导。

从山里一路走进大城市，逆袭到清华，我不知道斯坦经历了多少的坎坷，多少的失败，付出了多少的努力，但这一切都是那么地值得。在清华，他拥有了许许多多以往享受不到的资源，也获得了去很多大平台展现自我的机会，还打开了格局，让人生充满了无限的可能性，这就是读书给他的命运带来的天翻地覆的改变。

越优秀的人越努力追求优秀！清华的学生非常努力。他们珍惜清华提供的优质资源，刻苦钻研，追求卓越。在课业之余，他们还积极参加各种社团活动、志愿服务等，努力提升自己的综合素质。清华的环境、平台、资源和学生的努力都是顶级的，这使得清华大学成为培养优秀人才的摇篮。在清华，我一直感觉到，我最大的收获不是知识，而是眼界，是见识，是看到了人生的各种可能性。如果我还在农村，我可能会因为自己的小聪明，最多发明一些更省力的锄头农具。但是在这里，我知道了我们可以着手解决一个困扰人类几十年的数学难题，我们可以让中国的芯片制造这样的高科技迎头赶上。

在这样一个身边所有人都在突破自我的环境中，我也一直没有放弃追求卓越。在刚进清华的时候，我日夜加紧复习数学、物理，终于考进了"清华中的清华"——钱学森力学班。钱学森班给每个同学在本科的时候就配备了导师，让同学们发掘潜力，找到自己一生的事业。同时钱学森班充分尊重同学们的专业意愿。大二的时候，全世界都被 AlphaGo 打败李世石的消息震惊了，我也第一次见到了人工智能的强大威力。这个时候我迷茫了，是该继续学习擅长的物理，还是改到新兴的更有前景的人工智能方向？这个时候我的脑海里再次闪现出一个不可思议的想法："没有任何基础，我可以在人工智能领域有所建树吗？"带着对人工智能的期盼，我于本科临近毕业期间，赴美国"四大"之一的伯克利大学访学，开始自己的人工智能学习生涯的第一站。伯克利大学临近硅谷，在这里我看到了美国的AI 进步和人才储备，即便是牙牙学语的孩童，都在接触了解人工智能。我感到无比震撼。这趟硅谷之旅坚定了自己要投身中国的人工智能科研与教育事业的决心。

回国之后我毅然选择了在清华直接攻读人工智能博士学位，

带着对人工智能的好奇与憧憬，我再一次找回了当年高中的学习热情。每天徜徉在人工智能的学术海洋里，我逐渐发现这个领域有着无穷的魅力。人工智能不仅是一门技术，更是一种思考方式，它帮助我们更好地理解和应对复杂的问题。在学习过程中，我接触到了太多有趣的内容。其中，机器学习尤其吸引我。通过算法，机器能够在大量数据中自动提取出有用的信息，从而做出准确的预测和决策。这让我深刻感受到数据和算法的强大力量。深度学习也给我带来了很多惊喜。通过构建复杂的神经网络，我们能够让机器在图像识别、语音识别等领域达到甚至超越人类的水平。这让我对未来充满期待，相信人工智能将会在更多领域发挥巨大的作用。

> 在这里我们又一次看到了斯坦同学对目标的执着与决心，在擅长的物理和全新的人工智能面前，他选择了后者，当一个人工智能科学家，并沉浸其中。而正由于这份执着，又让他在新的领域里获得了新的成就，与其说是他运气好，倒不如说是他对每一件事的专注，坚持，以及持之以恒的毅力让他迎来了一次又一次的成功。

正是由于这一份热情，我在人工智能领域也取得了一些小成就。自己的多项研究成果被国际顶级的机器学习会议和期刊认可，也被各大机器学习顶级期刊与会议提名为审稿人。在美国硅谷，在加拿大温哥华，在奥地利维也纳与全球顶级的 AI 学者分享自己的成果。同时，我也以青年 AI 访问科学家的身份应日本顶级的科研圣地 RIKEN（日本理化研究所）邀请访学。这一刻，我仿佛给了小学夏天那个拥有不可思议的想法的自己一个交代："一个山里娃，也可以当科学家！"

都说寒门再难出贵子。虽然学习不是生活的全部，但它为我们打开了认识世界的大门。在这个充满竞争的社会里，当你放弃了学习，你会发现自己失去了探索世界的钥匙，仿佛迷失在无边的迷雾中，因为你放弃了你人生最重要的一条捷径。考上名校和成功可能并没有必然联系，但是身处名校，你会看到一个更广阔的世界，你会有更高的视野和认知去实现人生的无限可能。"清华无限大，给你无限可能。"

人生的蜕变，就始于那个不可思议的想法。哪怕是你佩服的那些杰出的人，他的成功之路也是始于一个不可思议的想法。谁说倒数第一的孩子就不能考清华？谁说山里娃就不能站在国际舞台上谈笑风生，光彩熠熠？一个不可思议的想法，一个你想都不敢想的念头，才能让你与那些你真正仰望的伟人灵魂相交。无论何时，都不要放弃追求梦想，尤其是那个一想到就让你热血沸腾

👉从小时候只能看姐姐的课本，到后来在书店意外地看了《爱因斯坦传》，激发了斯坦当科学家的梦想。当然斯坦只是这篇文章作者的笔名，也从笔名中能看出《爱因斯坦传》这本书对他的深远影响。也正是这个科学家的梦想让他更热爱数学和物理，一路奋斗到清华，继续在物理这个领域深造，到后面又碰到了人工智能，坚定了自己要投身中国的人工智能科研与教育事业的决心。梦想成就了斯坦，斯坦也圆了自己的梦想。所以，给自己找一个梦想，让它给你无穷无尽的动力吧。

的梦想。每个人都有自己的速度，不要因为短暂的落后而气馁。把握现在，从小事做起，逐渐积累改变。哪怕是每天多学几个单词，每次减少一点娱乐时间，主动向优秀的同学学习。所有的这些小步伐，最终将助你突破自己的极限，达到更高的境界。

学

北京大学创办于 1898 年，是戊戌变法的产物，初名京师大学堂，是中国近现代第一所国立综合性大学，辛亥革命后，于 1912 年改为现名[①]。1937 年卢沟桥事变后，北京大学与清华大学、南开大学南迁长沙，共同组成国立长沙临时大学。1938 年，临时大学又西迁昆明，更名为国立西南联合大学。抗日战争胜利后，北京大学于 1946 年 10 月在北平复校。

---

① 1898 年 6 月，光绪帝颁布《明定国是诏》推行"戊戌变法"。7 月，光绪帝批准了由梁启超代为起草的《奏拟京师大学堂章程》，正式创办京师大学堂。1912 年 5 月 3 日，京师大学堂更名为北京大学校，总监督改称大学校校长，旋即冠"国立"，是中国历史上第一所冠名"国立"的大学。经过辗转的合并和重建，1912 年 5 月 4 日，京师大学堂正式更名为"国立北京大学"，因此北大的校庆日也被定在了 5 月 4 日这天。严复出任北京大学首任校长。

学校简称：北大

建校时间：1898 年

校本部：北京市海淀区颐和园路 5 号

学校类别：综合类

办学层次：位列国家"双一流"A 类、"211 工程""985 工程"
建设高校

『探』北大

身临其境

北大精神：爱国、进步、民主、科学
北大学风：勤奋、严谨、求实、创新

◇ 北大校园——公园里的大学

信步北大校园，我完全被惊呆了，不由感叹，这哪里是大学啊，这就是一座环境优美的公园啊！能在这里学习是多么幸福的一件事情啊！如果我早点知道，怎么都要拼尽全力去学习。"我要考北大！"

北大教学楼
——在皇家建筑内学习是怎样的一种感受

当我看到一排排古旧建筑，我以为这是研究场所或者科研基地，走近一看，没想到竟然是教学楼，不敢相信，北大学生日常就在这里上课，我很难想象在这样的建筑内学习是怎样的一种感受。

◇◇ 北大餐厅——美食与艺术并行

作为"吃货"，北大食堂征服了我。每次踏入北大，我心中最向往的，便是食堂。

食堂的豪华，实属我所见之最，足足有四层，座位之多，令人咂舌。

食堂有四千多个座位，犹如四海美食的集结地，全国各地的特色佳肴，尽在其中，更有国外美食，让人眼界大开。

包厢雅致，学习空间静谧，休闲区域轻松惬意，室外餐厅绿意盎然，火锅餐厅热气腾腾，更有水吧、面包房、西餐厅等等。

还有那些送餐机器人，灵动可爱，仿佛是食堂的守护者。

食堂走廊上，巨大的电子屏幕闪烁着光芒，半透明的钢化玻璃环绕，让整个空间更显高雅。

这样的食堂，无疑是大学生的天堂，不仅是美食的天堂，更是学习的天堂，生活的天堂。

在这里，你不仅能品尝美食，还能倾听身旁的学生为你弹奏一曲动人的钢琴曲，仿佛置身于音乐的海洋。

他的指尖在琴键上跳跃，如同精灵在跳舞，美妙的音乐如同涓涓细流，滋润着每一个听众的心灵。

最引人注目的画面莫过于楼下餐厅里的学生们，餐毕便相聚交流，那份默契与执着令人震撼。犹如一幅流动的画卷，时光在此驻足，岁月在此凝结。

转瞬即逝的奇景，一场不经意的邂逅，我在楼下餐厅的角落里，窥见了那一幕。

当学生们餐毕，相对而坐，知识在空气中流转，宛如璀璨的星光。他们的讨论，如同晨曦中的微风，轻轻拂过心田，让我震撼不已。

然而，随着我在北大的日子渐长，这份惊讶也渐渐变为习惯。

在食堂的角落，我时常看到这样的画面，餐毕的学生们，手里拿着书或笔记本，在那儿奋笔疾书，犹如画家挥洒色彩，将智慧融入生活的每一刻。

◈ 北大假日校园——爱学习已成为习惯

我在 2023 年 9 月 29 日的中秋节，我本以为在这个假期，大家都会走出校门，寻觅美好的风景或是去欢乐的游乐场畅游。

2023年9月29日
13:19 | 北京市，海淀区

然而，让我意想不到的是，校园内除了成群结队来游玩的游客，北大学子，有的奔向图书馆去学习，有的则走向教学楼去汲取知识的养分。

校园中的学生们，有的在图书馆里一字一句地研读书本，那是他们对知识的渴望；有的在教学楼里与老师、同学们热烈讨论，那是他们对未来的期待。他们的每一个动作，每一句话语，都像是一首诗，充满了生活的韵律和热情。

我常常想，我们的生活就像这校园中的学生们一样，充满了可能性。让我们把握住每一个瞬间，去感受生活的美好，去追求我们的梦想。因为生活，就是我们自己的诗篇。

◇◇ 北大假期的教室——只见满目皆是勤奋求学之人

瞧这走廊左侧的一隅，虽是不起眼的一景，却仿佛画卷中那绝美的点睛之笔，引人心驰神往。你看，教学楼的走廊也因此有了人气，有了浓厚的学习氛围。

大家在这知识的海洋中沉醉，饱餐之后便静静地在这里享受一整天的研读时光。

有的同学在这里找到了创新的灵感，有的人在这里邂逅了未来的朋友，还有的人在这里解除了旧日的困惑。

而这一切，都源于这走廊上的一隅，这宁静的一角，这一片充满了知识香气的天地。

看窗外树叶婆娑，阳光斑驳，洒在这教室里，也洒在每个人的心头。

在这里，学习的过程就像是在欣赏一幅流动的画卷，每个瞬间都充满了惊喜和发现。

在一个安静的教室之中，总有一人独坐，写着论文，做着题目。

我被他们忍耐孤独之毅力深深地折服了。

若是换了我，孤身一人，静静阅书，恐不过十分钟后，便已心生倦意，拂手而去。

更令人敬佩的是，这对他们来说已成习惯，其心中孤独之感似已淡去，将那一刻的静谧、充实与成长，视为一种享受。

试观昔日王羲之临池苦练，日复一日，年复一年，墨香四溢，最终成就书法大家之美名。

再想想匡衡凿壁借光，为求知之坚忍，虽处陋室，却心向光明，终成大学者。

想那古人苏子泛舟江上，任时光荏苒，他那深邃的目光中，仿佛饱含了人世间的所有智慧和经历。

那份孤独，如同一首美妙的诗篇，引人深思。

我们也可以借鉴他们的精神，独处一室，用心去感受孤独的魅力，让它成为我们成长的养分。

我们不仅会在孤独中成长，更会在孤独中找到自我，成为更好的自己。

如此看来，孤独并非生命的负担，而是我们成长的催化剂，是我们人生道路上不可或缺的一部分。

◇ 北大周末的教学楼——打破了我的认识世界

周末的清晨，我放慢脚步走过教学楼，是想去厕所，我暗想，周末这个时间，大家都还在沉睡，楼内应是空灵寂静的。

然而，当我路过楼下大厅时，那一幕令我肃然起敬。

只见满目皆是沉浸学习之人，或在准备考研，或在准备期末考试。

那一刻，我对名校的向往更加强烈，以往的认知世界被打破，内心不禁感叹，这才是年轻人该有的样子：勤奋、努力、自律、好学，拼搏向上。

尽管拍摄过程颇为费力，需要赶高铁，乘地铁，但为了能呈现更多真实生动的案例，将这些传递给更多的学子，我仍咬牙坚持下去。

若是还有些许倦意，那就寻一处角落，独自享受静谧。无人打扰，只余安静，让这宁静的角落成为你独自一人的学习天地。每一份寂静都犹如珍珠般珍贵，每一丝安宁都犹如翡翠般绚烂。

看啊，那些成功的人士，他们不也是常常独处一角，寻找那份属于自己的安静吗？他们的智慧，他们的成就，不正是从这份安静中得来的吗？你我又怎能放弃

这样的机会呢？

　　我也想捕捉北大学子娱乐的时候，但困难重重。只有很少一些时候见他们在课余时，或倚栏看手机，或驰骋于操场，或挥汗于篮球场，方显一丝闲暇。

　　纵然岁月静好，他们亦鲜有放慢脚步、享受片刻欢愉的打算。除非逢特殊的节日，如北大的五四青年节，那时草坪上的学生三五成群，谈笑风生，吃零食，玩棋牌，仿佛一幅生动的画卷。其余时光，他们如行云流水，匆匆而过，只留下对知识的热忱和执着的背影。

　　他们是否也应在求知的道路上，适时停下脚步，享受那一抹短暂的欢愉。毕竟，生活并非只有学习。然而，更多的时刻，他们都在默默奋斗，只为了心中的理想。他们用行动诠释着青春的意义，用汗水书写着奋斗的篇章。

◈ "一塔湖图" ——湖光塔影

北大之魂，"一塔湖图"，名扬四海。

· 北大图书馆

北大图书馆，那是我心中的一片净土，它却成了我拍摄中最遗憾的部分。因为北大图书馆是众多名校里唯一一个借卡都无法进入的图书馆，需要刷脸进入。

我只能眼巴巴地看着它的外观，那古典与现代交融的建筑风格，那如诗如画的内部设计。若想一窥其真面目，深入其内，感受那书香四溢的氛围，就得看你是否有那股拼劲，咬咬牙考进去。

· 博雅塔

　　博雅塔位于未名湖东南的小丘上，其设计参照了通州的燃灯塔，燃灯塔十三级，博雅塔也是十三级，只不过比燃灯塔小。它原是校园供水水塔，其独具匠心的设计构思，乃燕园构建的神来之笔。

· 未名湖

　　这一生，一定要去一次北大未名湖！看看博雅塔。

　　此景如诗如画，如梦如幻，实乃天地间之瑰宝。

　　湖之碧波荡漾，如明镜镶嵌，映照学子之志；塔之峻峨耸立，

如巨人守护，激励学人前行。

广阔无垠，宏大无匹，此乃无数学子的向往之地，求学之路的指引之光。如此四季变换，风景如画，怎能不让人心生向往，感慨万千？看那历史长河中，多少才子佳人，在此留下足迹，挥毫泼墨。

每当我踏足这片土地，总是期待着在这里邂逅一群孜孜不倦求知的学生，然而，我看到的却是那些热衷于拍照打卡的游客。这让我深感诧异。

如此美妙的风景，虽然本应成为恋人们开启大学时代浪漫故事的乐园，但我所见到更多的却是那些在图书馆的路上，或是教室中一起学习的情侣。他们并肩而行，仿佛在共同编织属于他们的爱情诗篇。

在他们的身上，我看到了爱情的未来，看到了彼此在互相成就，互相鼓励。这是一种无言的承诺，一种无声的赞美，一种深沉的爱意流露。他们一起学习，一起进步，一起成长，一起创造属于他们的美好回忆。这种浪漫，不是短暂如烟火般绚烂，而是如潺潺流水，静静地流淌在岁月中，温暖而长久。

◇ 北大传奇般的人物——"韦神"（韦东奕老师）

在北大的学府深处，有一位传奇般的人物，他就是"韦神"（韦东奕老师），一位真正的数学奇才。这里是他所在的数学研究院，一片静谧的所在，外界的喧嚣似乎难以侵扰。只有通过指纹密码门禁，才能一窥其真面目。

我与"韦神"的邂逅，如同梦境般频繁。他的形象仿佛一幅淡雅的水墨画，两耳不闻尘世繁杂，一心只专注于数学的世界。他的衣着朴素如初，旧鞋子穿了又穿，背负着岁月的痕迹，肩上永远挂着一个斜肩包。

我曾有幸聆听他的授课，那一刻，我仿佛置身于浩渺的星河，"韦神"的指尖在黑板上飞舞，犹如繁星点点的银河，密密麻麻的公式如同星辰间的轨迹，我试图解读，却发现它们是看不懂的文字，是那种带着神秘气息的文字。然而，那些聪明的学生们却仿佛拥有了魔法，他们听得如痴如醉，下课了还围着老师请教，他们的求知欲望让我敬佩不已。

"韦神"就像一颗璀璨的星星，照亮了北大数学的天空。他的存在，就如同诗中的神话，让人们对数学有了更深的敬畏之心。他的学识，就像那无尽的海洋，深邃且广博。这就是"韦神"，一个让无数人敬仰的数学大神。

北大是大多数孩子心中的光辉，是家长眼里的求学圣地。在北大的门前，不分日夜，总有好奇的访客探头探脑，想要揭开其神秘面纱。孩子们与家长们手牵手，驻足拍照，犹如在心中种下一颗梦想的种子，北大，那是一座理想的殿堂，让每个孩子都有了一个高远的追求。

北大校园活动——自由、包容、多彩

在未名湖畔我看见三个大男孩，抱着吉他一唱就是一下午；在操场上我看见同学们自发组织的攀岩比赛和棒球比赛，他们一个个意气风发，既专业又有风范；在小广场，我看见三个北大学生在指导安排第二天的一场哲学思想盛宴；在教学楼前的一片空草地，我看见来自世界各地的学生献歌，庆祝国际音乐节。

余老师感悟与寄语 ///

◎ 同学们要知道，北大并非遥不可及的梦。通过高考这场最公平的竞争，你们可以翻越高山，跨过深海，去触摸那片属于你们的天空。你们将改变自己的命运，甚至改变你们的祖辈三代的生活。你们将用知识武装自己，用智慧照亮前路，用勇气挑战未知。

◎ 在这喧嚣的世界，哪有什么无端的奇迹？不过是在无人问津的角落，默默耕耘，用汗水浇灌希望的田野。横空出世，不过是努力的果实，悄然绽放在世人眼前。没有轻而易举的成功，只有不懈的坚持，和那些不为人知的日夜。

◎ 你的努力，不只是为了在人海中脱颖而出，而是为了在时间的长河中，给自己一个坚定的承诺。不是为了超越他人，而是为了超越昨日的自己，在知识的海洋中，寻找那个更自律、更上进、更优秀的自己。

请永远爱自己，请永远相信自己
——北大学子采访记

姓名：郭楚媛

专业：新闻与传播学院

　　今年是我在北大读书的第二年，直到现在把自己的名字和这所鼎鼎有名的学校联系到一起依然有种不真实的感觉。我自认为一直算是学习还不错的好学生，但是从来没有达到过顶尖的水平。当我得知自己考上北大时，我将其归功于自己的好运气和高考的超常发挥。但是现在想来，一切事情的发生都有其内在的原因和逻辑，我身上应当存在一些被北大选择的理由。写下这些文字，是回忆，是总结，是自勉与共勉。每个人的经历都不可复制，但在这些不可复制之中亦有一些可取之处，或许可供大家参考。

　　我出生在吉林省吉林市，一个普通的城市。或许是与父母观念和家庭环境有关，我的成长环境是自由的、轻松的、愉快的。

　　我的小学和初中都就读于家附近的学校，并不是市里最好的学校，顶多算是中游水平。但是幸运的是，我感觉我遇到的老师都很不错。对那个年纪的我来说，丝毫没有追求所谓"优质教育资源"的概念，一切都顺水推舟、水到渠成。

　　小学时我是老师和家长眼中的好孩子，成绩优秀，在班级和年级都排名前列。我把这归功于自己的"听话"，我从小就是个听话的孩子，老师和家长的要求几乎都会认真照做，所以我总能得到老师和家长的赞誉，得到赞誉后我小小的虚荣心会得到满足，然后努力做得更好，算是形成了一个不错的良性循环。

　　当时的小升初没有考试，按居住地划分学校，因此我的初中就在离我原先小学两条街道之隔的地方。我所知道的，当时有很多同龄人的家长花钱把孩子送到我们那儿最好的私立学校，也有为了孩子能上好学校高价买学区房的，但是我的父母并没有这方面的打算，分班也是完全阳光分班，他们对我的要求一向不高，所以我对自己的要求也并不高。

　　上了初中我才慢慢萌发了竞争意识，这要从我们班上的另一个尖子生说起。她与我的成绩不相上下，但是我不太喜欢她的为人，所以我就想和她在成绩上一较高下。自习课写作业时，我们会互相比较谁的作业写得快，新发下来的练习册也会抢着往前赶进度，势必要做那个超额完成任务的人。印象最深的是初三发了英语总复习资料后，我回家暗自计算她能写的页数，然后用一天晚上的时间写完了50多页。现在想想当时那种不顾质量只求数量的做法其实是颇为幼稚的，但是也正得益于这种无意的策略，成绩确实有所提升。英语和数学一直是我的短板，幸好我们的初中数学老师教学经验非常丰富，课堂上的内容足以让我吸收，所以我腾出了更多精力和课外时间主攻英语。

　　现在让我总结初中成绩排名靠前的经验，我觉得最重要的就是"认真听讲，认真完成作业"。不必过于追求课外班的补习，初中的知识大多都是打基础的，大多数初中老师知识和经验都足够丰富，考试的内容上课都会覆盖到，课上只要认真听讲，课下再配上足够的练习，取得好成绩其实并不难，关键在于自己有没有用心。

　　正如媛媛同学所说，初中知识其实很多都是打基础的，课程内容本身并不难，只是相对小学来说，科目增加了不少，量变得多，这就导致小学的时候没有良好的学习习惯、听课习惯、写作业习惯的同学，在初中阶段吃了大亏。一方面没有养成特别专注听课的能力，到了初中只要上课一走神，尤其是理科，一两个知识点没跟上，就非常容易掉队。另外，小学阶段内容简单，成绩拉不开差距，但初中内容比较紧凑，做作业如果不够认真，课堂的知识就消化得不完全。还有不少学生到了初中有些叛逆，一部分心思用来对付家长了，就更别提上课能认真听，作业能认真写了。

　　可见小学阶段注重孩子的习惯培养，以及亲子关系的和谐建立是何等重要的事情，这些才能真正地给初中阶段的学习打下扎实的基础。

　　相比于小学、初中，高中是我付出额外精力比较多的三年。中考算是稳定发挥，超出统招线1分被顺利录取到当地最好的高中。因为初中在物理和化学的学习上已隐隐有了吃力之感，大概在初三的时候我就确定了选择文科的学习方向。当时的政策是中考考到620分可以直接录取到文科小班，也就是所谓的"文奥班"，后来才知道，我的很多高中同学在初中的时候就以这个分数为目标,但当时的我把这个分数视作天方夜谭。或许自己有一战的实力,但是也未曾想过为此全力冲刺一把——我对自己的定位一向不高,这也是为何我会认为自己考上北大是因为运气好,当我得知自己被北大录取时,有一种做梦般的不真实感,当时对我来说,北大离我太远太远了。

高中的教学设施一流、强手如云。脱离了熟悉的小圈子,和全市各个学校的佼佼者汇于一堂,我做好了落于人后的准备。但是让我意想不到的是,在第一次月考中,我的成绩排名 15,也正因如此,我顺利从通班转到文奥班。对别人来说这是一件令人高兴的事情,但是对我来说这个结果让我本来就忐忑不安的心,更加不安。文奥班有 30 个同学,我的成绩算是中上游,高一的时候排在十一至十五名之间。我安于这个排名,把前十名视为难以逾越的鸿沟,不管是在学习状态上还是在课下的努力程度上,前十名的同学都比我强上一大截,我深深佩服于他们的勤勉与聪慧,也未曾起过太多与他们比较的心思。

到了高二,一件事情让我的想法发生了改变。高二我和 a 君同桌。a 君是个特别认真的女孩,成绩在班级排名处于七至十二名之间,因为是同桌,我常常能观察到她的学习状态,她会认真记录下老师说的每一句话,以高度专注的态度对待每一节课,紧紧跟住老师的思路。整理错题方面,a 君也有自己的一套方法,她从不屑于做些精致美丽的表面功夫,她的错题本甚至可以用"惨烈"来形容,往往是随手撕掉卷子上的原题粗暴地粘在本子上,然后在旁边写下最为核心的思路。当时的我有着特属于文科小女生的仔细，卷子会分门别类地整理好，错题会认真抄在本子上，甚至有工夫细细描绘些装饰，我的笔记更像是艺术品，花大量的时间整理，然后沾沾自喜地欣赏。a君的做法教会了我一种完全不同的学习方法，我一向善于且乐于模仿他人长处（这也是我至今仍感到庆幸的一项优点），于是我上课和a君一起听讲，下课互相讨论，直到高三。现在，a君仍是我结识的为数不多的挚友，不管是在学习还是生活上，她对我的影响和帮助都对我后来的人生选择起到了至关重要的作用。

☛ 读到这里我深有感触，朋友圈子对中学生来说实在太重要了，可以说影响非常大。媛媛同学在一个卧虎藏龙的尖子班里，学习氛围非常浓厚，关键还遇到了学习特别厉害的同桌，可以互相探讨方法，互相交流题目，这也给媛媛同学后面考上北大打下了基础。

高二下学期，我的高中课程转成了居家在线学习。对我而言线上学习的效率比线下高上许多。课件可以直接打印，无须手抄浪费时间；不用去食堂吃饭，不用做操，不用在下课时间与好友交谈浪费太多的时间，那段日子的学习是沉浸而专注的。高二下学期的期末考试是在线上进行的，很多同学会偷偷利用居家的便利条件搜索答案，获得一个前所未有的好成绩。我没有作弊，但是也第一次进入了年级前十，考了第八名。喜悦之余，我仍然因担心老师和同学怀疑我的诚信而感到些许不安，因此恢复线下上课后我憋着一股劲一定要再考一次前十证明自己，而后就真的做到了。自那之后，我的成绩基本稳定在七至十名，偶尔掉出前十之列但也不会超过太多，曾经遥不可及的名次竟真的被我牢牢掌握在手中。

高三的时候，我第一次认真思考了未来的专业选择，以一个高中生浅显的目光来看，我乐于选择有明确就业导向的专业，比如法学，我想毕业后大概会做个律师；比如经济金融，或许能成为商圈女强人。但是我不喜欢律师高强度的工作，也对自己的数学能力没有太多信心，所以在为数不多的几个文科专业中选择了新闻与传播专业（以下简称"新传专业"）作为目标。中国人民大学新闻与传播专业是同类高校排名靠前的专业，我想哪怕无法在那里学习新闻与传播专业，能考上并在那里读书也是非常幸福的。从那时起，中国人民大学就成了我心之所向的升学目标。

从往年的毕业去向图来看，文科班一般会有两名学生上北大，去人大、复旦、北师大等学校的若干，而人大新传专业作为该校的王牌专业，对成绩的要求更高。想上人大，必须考到五六名之前才比较稳妥。而我当时的水平跟这个名次仍有很大的差距，因为我的成绩并不稳定，虽然偶尔能排到七八名，但也常常掉出前十之列。更何况即使高考发挥到七八名，也未必能被人大新传专业顺利录取。意识到这一点之后，我感到了前所未有的压力和焦虑。人大对当时的我来说，是一个非常完美的选择，我甚至无法找到除人大之外的其他院校作为替代。那段日子我内心真的很迷茫，我深知高考充满变数，特别是对文科生而言，一道文综的选择题便是 4 分，而文科的选择题又往往嵌套相连，就拿地理而言，常常牵一发而动全身，要么全部选对，要么连错三四道题。接近二十分的分差让我几乎崩溃，一点点题意理解上的偏差都可能导致无法收场的结局。做题，考试，出排名，或喜或忧，然后迎来新一轮的做题和考试。这是我高三前期的生活，在成绩的波动与起伏中，我茫然而找不到出路。

到了三月份，马上就要高考了。我也是被逼无奈，就给自己定了一个升学目标，按照"冲""恰""稳""保"四个层级进行。人大自然排在第一位，而后是武大、厦大和吉大。后面三所学校以我当时的成绩是一个颇为稳定的选择，在网上搜了这些学校的环境和丰富的校园活动，我还是认为人大是我的最优选，其他学校对我来说只能说还不错。自此，我不再执着于可得或不可得的结果，更多地专注于当下，与其焦虑未来，不如专注当下的每一道题、每一个知识点，这才是能够被我牢牢把握在手中的事情。"尽人事，听天命"，做好自己能做的所有，剩下的交给命运，尽力而为，无问西东。

接下来的日子平淡而琐碎，三月中旬，我们重回线上上课，这也让我在独处中收获了难得的平静。当时班级有培优的制度，六科老师每人负责两名尖子生，优中补优，我刚好位于十二名培优的同学之列，多了更多的学习资源。网课的便利条件让我学会了争取，我尝试和老师沟通，加入其他培优同学的会议室，除了

候 也不知道是在哪里 但心里总会被一种很幸福 很奇妙的感觉填满 是一种前所未有的开心

高三的冬天真的是灰色的啊 就像前一阵的自己 每天浑浑噩噩 不知道自己在干些什么 每天都疲惫的想要逃离 也越来越控制不了自己的情绪 焦虑 极端 攀比 执念 极度讨厌和怀疑自己 不知道方向 有野心却没信心 不允许自己有一丝一毫的失误和懈怠 失去了初心 也离自己越来越远

还好 还好春天来了 春天的希望是万物复苏 是小熊醒来 是大雁南归 是冰泉涌动 是一切都还没见过磨难的样子 阳光是金色 风是粉红 是一切心跳 一切悸动的开始 是万物睁开眼睛说 新的生活要开始了

所以最近真的很开心 生活步入正轨 我恢复了原来的样子 那段生活中鲜为人知的灰色正在被彩色慢慢填满 原来日子还是可以又温柔又闪亮

我想永远永远也忘不了今天 多美好啊 我们一起畅谈未来 诉说着自己的理想 制定着规划 想去一个城市 想把彼此划进自己的未来 她们眼睛里的光让我直到现在回想起来都有种热泪盈眶的冲动 原来即使是最差最差的结果也没有想象中那么糟糕 我们不管考成什么样子 都会有一条很好很好的路等着我们去选择 所以真的不必在那么小那么小的圈子里纠结 在自己的执念里徘徊 原来换一个角度来看的话那些困扰我的一切都可以迎刃而解

想的大学时 就把它看作自己必须要得到的东西 但今年的一切好像都在告诉我 不是这样的 不是所有的好事都会归我 也不是制定了目标就一定会实现 我能做的只是尽我最大的努力去增加实现的几率 而不是把每一次失误看作是万劫不复的深渊

"我希望自己能够有足够的运气与勇气 去见到命运里更多不同的风 也期待在未来的日子里 能够被这些涌动的气流 雕刻成不一样的山川与河流。"即使一切都是未知数 我也始终愿意相信结局总是好的

加油吧郭楚媛同学 请永远爱自己 也请永远相信自己

2022年3月2日 00:39

真正和自己和解的日子，我在朋友圈发了一条长文

比较擅长的语文外，其他五科的额外补习我均有参与，当然这也意味着我又多出很多额外的学习任务，我的做题量差不多是班级其他同学的两倍，但是我乐于享受这个过程，既不想辜负老师们的信任，也不想给自己留有遗憾。

五月，丁香花开的日子，我们复课了。那段时间弹指而过，我按部就班地往前走着，有压力但不焦虑，紧张但不恐慌，我相

信自己已经做到了能做到的极致，因此安然走入高考的考场，接受命运的安排。

那年的题特别难，很多同学因心态失衡而发挥失误，我却以比较稳定的心态考取了全校第三、全省前三十的好成绩。

当我如梦般接到北大招生组打来的电话时，我的内心十分欢喜却又忐忑不安。经过和家人反复讨论后，我最终放弃了人大专业任选的机会，选择到北大新传就读，新的挑战，新的人生，像一幅画卷在我面前徐徐展开，我用自己的努力，送给了自己一份最好的，18岁的礼物。

初入燕园，这里的一切都让我感到新鲜。之前我并没有来过这所学校，在媒体上对校园具体的环境设施和课余活动也了解有限，我像一个探险者，解锁这个园子里的一切。在高中，成绩和排名决定着一切，这些代表着老师的赞誉、同学的尊重和无上的荣光，而大学校园里，成绩或许很重要，但它终究是生活的一小部分。身边的同学有配音社的大佬，精心排练的演出可以登上"百讲"的舞台；有合唱队的主唱，带领团队参与央视的拍摄；有来

> 👉 这就是你努力读书考上名校的意义之一，你会获得很多普通人接触不到的机会和资源，比如你的老师可能是业内顶尖的知名教授，体育教练可能是某个奥运冠军，还能近距离看到某个大佬的讲座。不仅如此，某个明星的电影宣传会直接来学校，但在普通大学根本没有这个资源和机会，比如在浙大就近距离看到了《河边的错误》的主角们宣传电影，在北大看到了韦东奕老师和董宇辉。

自各个省市的高考第一名，但是他们并不是我传统印象里的书呆子形象，反而各有各的特长，在自己热爱的领域发光发亮。

　　大学的选择是多样的，而北大的资源更是多得数不胜数。我们可以根据自己的兴趣选择一些通选课，聆听各个领域的知名人物传道授业，百家讲坛的讲师、知名企业的创始人在台前侃侃而谈，带我去看我未曾见过的世界；可以有很多机会与名人见面，从奥运冠军到影坛巨星，他们走到我们面前，曾经遥不可及的人物变得真实可感。某个午后，到燕南园看夏天的浪漫，看垂柳拂过，走过一座座历史的古迹，到未名湖看一看中式古典的雍美，在无人的亭子里邂逅一只不知名的小猫；到西门附近的红墙碧瓦中，感受历史存在的呼吸；还可以在课余时间随意走进一个胡同，走进老北京的生活，吃巷子里藏着的美食，在湖上看小船轻轻地漂，等一场黄昏的落幕……在北京，在北大，有太多的意外和惊喜，有太多的美好与相遇。我想这就是读书的意义，也是高中那么多个日夜苦读的慰藉。

　　当我写下这篇文章的时候，刚好是又一年的高考百日誓师之时。其实离高考一百天的日子，现在回忆起来已经非常模糊了，那些焦虑、不安、忐忑、紧张，都遥远得好像上辈子发生的一样。那时的我好像还没和自己和解，期待着未来，也畏惧着未来。

　　我在小纸条上一遍一遍地写着"中国人民大学"，却为最终的结果忐忑不安；我不断地拿自己的成绩和排名与理想的专业比对，然后陷入深深的怀疑和恐慌。我理解大家所有的忧虑：只有我第一次高考的压力超级大，总觉得失败了，这辈子就这样了，还颜面尽失，以至于高考那晚失眠了，第二天下午考数学，午觉也没睡好，果不其然，第一次高考没考好。然后复读了，直到三次高考后，我才真的"认命"，去一所师范大学就读。三次高考的经历在我的另一本书里会有详细记录。现在回想，其实高考失败并没什么大不了，尽力了就行，那就不后悔了，而且我现在也有了很多人羡慕的事业。不过，那时候的我们知道的信息太少了，压根就不知道还有考研，要是当时知道了，就不复读了，大学里再努力考研兴许还能考个"211工程"或者"985工程"名校。

一百天了，为什么成绩时好时坏，为什么选择题还是会错好多，为什么别人都在进步只有我停滞不前——不要担心，感到焦虑说明你有向上的决心，只要心里憋着一股向前的劲儿，这些难挨的时光终会成为你前进路上星星点点的光。

"事物发展的方向是前进的、上升的，道路是曲折的、迂回的。"这是我高三时最喜欢的话。我相信面前的困难是通向美好的必经之路，我也相信就算高考发挥失常，前方依然有很多美好静静等待着与我相遇。

最后一百天，希望你们不再执着于结果，而是更多地专注当下；希望你们赶路的同时不要错过沿途的风景，抬头向外看，或许会邂逅一场夕阳；希望你们摒弃浮躁，保持沉着，冷静地看待自己的错误，因为改错纠因远比无谓的焦虑更重要。

百日誓师过后，春天就来了。我一直觉得春天是一个给人希望、给人力量的季节，日子渐暖，柳梢发芽，连空气里都飘着丝丝花香。当时下课的时候我很喜欢站在床边感受风的气息，然后整个人会充满力量。

那段日子真的很美好。所以，希望你们享受最后一百天的拼搏时光，然后大步向前，去找寻、去追逐、去超越、去战胜，去经历那段属于你们自己的风光。

请永远爱自己，请永远相信自己。来日方长，且行且歌，一起加油！

中国人民大学前身是 1937 年诞生于抗日战争烽火中的陕北公学[①]，以及后来的华北联合大学和北方大学、华北大学[②]。陕北公学时期，毛泽东同志非常关心学校办学工作，先后十次来校发表演讲，他曾说："中国不会亡，因为有陕公。"中国人民大学是中国共产党创办的第一所新型正规大学[③]。

[①] 1937 年七七事变以后，为培育革命干部，中共中央于 1937 年 7 月底决定创办陕北公学。

[②] 1949 年 10 月 1 日，中华人民共和国成立。为了培养具有马克思列宁主义素养和专业知识的新中国的建设人才，中共中央决定以华北大学为基础，合并原中国政法大学，调来华北人民革命大学部分干部组建中国人民大学。

[③] 1950 年 10 月 3 日，刘少奇同志出席学校开学典礼并发表讲话，指出中国人民大学"是我们新中国办的第一所新式大学，是中国历史上前所未有过的大学，中国将来的许多大学都要学习我们中国人民大学的经验，按照中国人民大学的样子来办"。

学校简称： 人大

建校时间： 1937 年

校本部： 北京市海淀区中关村大街 59 号

学校类别： 综合类

办学层次： 位列国家"双一流"A 类 、"211 工程""985 工程"
建设高校

身临其境

「探」人大

中华人民共和国创办的第一所新型正规大学
一九五〇年十月三日 命名组建

中国人民大学校训
实事求是

◇ **人大校园**——京城也有牡丹开

　　走着走着，我被一阵香气吸引，抬头一看，我惊呆了！好大一片牡丹园，五彩缤纷，香气迷人，此时我真正理解了那句话："唯有牡丹真国色，花开时节动京城。"原来京城的牡丹也可以开得那么好，牡丹也不只是洛阳和菏泽的专属。

　　在牡丹丛中，一个人很专注地在思考，很是吸引人，我走近一看，他竟然在牡丹花丛中画牡丹。此时一种美好的感油然涌上心头，让人感觉畅快！

人大体育馆着实气派，各种设施齐全，所以当你学习累了时，不只有跑步一种方式可以放松，你还可以打网球、游泳、打棒球等。人大校园内竟然有博物馆，音乐厅，我想起自己当初上的学校，内心又是一阵感叹，早知名校那么好，无论怎样都要好好学习，不考上名校决不罢休！校园逛累了准备歇会儿，竟然发现离我不远处有一辆人大美食车，那必须犒劳下自己。

◇◇ 人大教学楼——文明、科技与艺术的结晶

踏进人大教学楼，我仿佛步入了一个梦幻般的世界，眼前的景象让我目瞪口呆。那些电梯，不仅仅是电梯，而是现代文明的杰作，是科技与艺术的结晶。我不禁感叹，这哪里是教学楼，这分明是未来都市的缩影，是智慧的象征。

我站在那长长的电梯前，心中涌起一股难以言喻的激动。随着电梯的上升，我心中充满了对知识的渴望和对未来的憧憬。

而那些电梯就像是时间的加速器，让求知的脚步不再沉重，让思想的火花在瞬间被点燃。我此刻正站在这

现代化的电梯中，感受着科技带来的便捷，心中不禁生出一股自豪感。

在这里，每一处细节都透露出对知识的尊重，每一寸空间都充满了对学子的关怀。这不仅仅是一个学习的地方，还是一个培养未来领袖的摇篮，是一个让梦想起航的港湾。

我随着电梯缓缓升至三层，眼前一幕让我心头一暖。那不是普通的柜子，而是人大对学生关怀的化身，是智慧与温情的交汇。

在这些柜子里，放着充电插座，它们静静地等待着，仿佛是一群忠诚的守护者，随时准备为学子们提供能量，为他们的电子设备注入活力。我不禁想象，这或许是哪位热心同学的建议，被这所学府的智慧之光所照亮，化作了现实中的便利。在这里，每一个声音都被倾听，每一条建议都被尊重。人大不仅仅是一个学术的殿堂，更是一个尊重学生意见的熔炉，一个让每个学生都能发声、都能被听见的地方。我轻轻插入充电器，感受着电流的涌动，仿佛接受了人大给予我的一份特别礼物。

在这里，我感受到了人大的温度，它不仅仅由冰冷的建筑组成，还有着一颗跳动的心脏，为每一位学子跳动，为每一个梦想加油。

◇◇ 人大教室——仿佛是精心打造的艺术品

在这座知识的殿堂里，教室不仅仅是传授智慧的场所，它们既是思想的熔炉，也是创意的工坊。每一间教室，都仿佛是精心打造的艺术品，桌椅的设计独具匠心，它们排列有序，宛如古代朝会的席位，等待着每一位思想者的到来。

坐在这样的教室里，你会感受到一种庄严与尊贵，仿佛自己

正身处一个思想的大会堂，准备参与一场智慧的盛宴。在这里，每一次讨论都可能孕育出新的思想火花，每一次沉思都可能开启知识的新篇章。

不经意间，一座宏伟的建筑映入眼帘，那是一间能容纳数百人的大教室，它壮观得如同一座知识的殿堂，让人心生敬畏。

我走进教室，虽然已是下午四点，阳光开始由教室的角落悄悄退场，但这里依旧生机勃勃。没有老师的讲解，没有同学的讨论，只有那些自习的学生们，他们如同孤独的灯塔，坚守在知识的海洋中，孜孜不倦地汲取着智慧的光芒。他们的身影，就像是一幅幅生动的画卷，展现了对知识的渴望和对梦想的追求。我按下快门，记录下这令人敬佩的一幕。

这些学生用自己行动诠释着什么是真正的学习精神，他们的存在，让这个教室不再只是一个空间，而是一个充满力量的磁场，吸引着每一个渴望知识的心灵。

◈ 人大教室自习区——五彩斑斓的秘密花园

　　在这知识的殿堂中，每一层教学楼都藏着一个秘密花园——自习区。它们是学习的绿洲，是思维的庇护所。空调夏日清凉，暖气如春日暖阳，灯光柔和如月光倾洒，营造出一个温馨而宁静的学习环境。

　　这里的桌子，色彩斑斓，宛如调色盘上的颜料，等待着你的心情去选择，去搭配。蓝色，是深邃的思考；红色，是热情的火花。你可以根据心情，选择你的专属色彩，让学习成为一种享受。当你埋头苦读，疲惫袭来，只需抬头，那一整面的玻璃窗便会带你走出书海，让你的目光穿越阻挡，去欣赏窗外的四季更迭，去感受自然的呼吸。

　　在这里，学习不再是孤独的旅程，而是一场与环境和谐共舞的盛宴。

◇ 人大图书馆
——宛如一座智慧的灯塔

在人大的校园中，图书馆宛如一座智慧的灯塔，矗立在知识的海洋之中，照亮着求知者的道路。我怀着满心的向往，走进这座知识的殿堂，却因缺少那枚开启智慧之门的钥匙——图书馆卡，而止步于门外。

我未能踏入那片神圣的领域，去感受那令人心醉的学习氛围，去呼吸那充满书香的空气。尽管如此，图书馆的宏伟建筑本身就如同一位沉默的巨人，用它那沉稳的姿态，向我展示了知识的庄严与伟大。它的每一面墙壁，都仿佛是历史的见证者，每一级台阶，都承载着无数学子的梦想与汗水。

我站在它的脚下，仰望着那高耸的屋顶，心中涌起一股难以言喻的敬畏。虽然我未能亲眼看见图书馆内部的景象，但那座建筑的宏伟，已经让我对知识的力量有了更深的体会。

在未来的日子里，我定会找到机会，带着对知识的渴望，踏入这座图书馆，去感受那份独特的氛围，去追寻那些未知的奥秘。

在图书馆的门前，我按下快门，记录下那一刻的宁静与庄严。随着时间的悄悄流失，我踏上了寻找食堂的旅程。在校园的小径上，我随机地询问了一位路过的学生，他热情地指引我前往那座美食的殿堂。

◈ 人大食堂——让人仿佛置身于一个高级餐厅

当饥饿的钟声在心头敲响，我随意地走进了附近的食堂，不料，眼前的一幕让我惊讶得几乎忘记了呼吸。这哪里是寻常的食堂，分明是一座宫殿，每一处细节都透露出精致。

墙壁上的装饰，如同精心绘制的画卷，灯光柔和，营造出一种温馨而优雅的氛围，让人仿佛置身于一个高级餐厅，享受着一场视觉与味觉的双重盛宴。

同学们在这里，不仅仅是为了满足口腹之欲，更是为了获得心灵的滋养。他们在这里或是埋头苦读，或是轻声讨论，或是在午后的阳光下，点上一杯香浓的咖啡，享受着知识的下午茶。这里，学习与生活交织，工作与休闲相融，每个人都能找到属于自己的节奏，在这里，时间仿佛变得更加温柔，知识变得更加亲切。

当午后的阳光开始缓缓西斜，我踏入了人大的餐厅，时间的

指针指向了三四点钟。这里，饭菜的香气已经渐渐散去，取而代之的是下午茶的诱人香气。

我随意地点了一份，心中却带着一丝怀疑，毕竟，对于学校餐厅的期待，往往如同晨雾中的远山，朦胧而不确定。然而，当我品尝到那精致的甜点时，感受到那细腻的口感，那层次分明的滋味，我仿佛听到了味蕾的欢呼，它们在舌尖上跳起了华尔兹。

这不仅仅是食物，这是艺术，是味觉的诗篇。我拿起手机，记录下这个美好的瞬间，每一张照片都像是在讲述一个关于美食的故事，让人忍不住想要分享。这里的价格，更是让人惊喜，它不是高不可攀的奢侈品，亲民的价格，让每一位学子都能在这里找到属于自己的小确幸。

下午，当我踏入另一所食堂，眼前的景象让我不禁瞪大了眼睛。一条长龙般的队伍蜿蜒地排在食堂门前，同学们耐心地等待着，他们的目光中闪烁着对美食的渴望。

　　我好奇地打听后才知道，原来人大食堂自主研发的鹅腿和椰子鸡，以其独特的风味成了校园中的一道亮丽风景线，吸引了无数学子早早地排队等候。

　　食堂的工作人员忙碌的身影在队伍中穿梭，他们脸上挂着歉意的微笑，向后来的同学解释着："实在抱歉，今天的鹅腿和椰子鸡已经售罄，我们无法再为更多的同学提供。"

　　我站在队伍之外，心中既羡慕又感慨。

　　在这一刻，我恍然大悟，原来顶尖学府的食堂，不仅是味蕾的盛宴，更是创新的工坊。它们拥有将平凡食材化作美味佳肴的魔力，可以研发出令人垂涎的爆款食物，让每一位学子在品尝中感受到家的温暖，知识的甜蜜。我回想起自己的大学时光，食堂似乎总是被忽视的角落，外卖和校外小餐馆成了日常就餐的选择。如今，目睹人大食堂的繁荣景象，我心中不禁十分羡慕，那是对未曾体验过的美好生活的渴望。

我无数次在夜深人静时，心中泛起一丝遗憾，后悔没有考上一所好大学，没有机会享受那些丰富的福利。如今，我只能以一个旁观者的身份，欣赏着这一幕幕生动的画面，在心中默默许下愿望：愿未来的学子们，都能在这样充满创意与温暖的食堂中，体会属于自己的幸福滋味。

◇ 人大咖啡馆——咖啡的香气与智慧的火花交织

在人大校园里，我漫步于知识的海洋，每一处都充满了探索的乐趣。午后的阳光洒在脸上，温暖而柔和，我继续着我的拍摄之旅。

从教室的静谧中走出，我的目光被一旁的咖啡店牢牢吸引。它宛如一座温暖的港湾，用它那温馨的设计，向我发出了邀请。

店内的灯光柔和，仿佛是冬日里的一缕阳光，温暖而诱人。

我想象着，那些桌椅不仅仅是休息的场所，更是心灵的栖息地，等待着每一位疲惫的旅人。那天气温骤降至零下，我的手在寒风中几乎失去了知觉。找到这家咖啡店，就像是找到了一个避风的港湾。

但是我仿佛走进了一个知识的旋涡，一个充满活力的学习圣地。店内座位几乎已被占满，每一张桌子都成了学习的场所，同学们或埋头于电脑屏幕，或热烈讨论着某个深奥的课题，或专注地钻研着手中的项目。

这里，咖啡的香气与智慧的火花交织在一起，形成了一幅独特的画面。我环顾四周，心中不禁生出一丝尴尬。在这样的氛围中，拿出手机来消磨时间，似乎显得格格不入。

与我母校的咖啡店相比，这里少了情侣间的甜言蜜语，少了室友间的欢声笑语，取而代之的是专注的眼神和键盘的敲击声。它让我意识到，学习无处不在，它可以在任何角落生根发芽，哪怕是在一杯咖啡的陪伴下。

余老师感悟与寄语 ⫻

◎ 在这人生的舞台上，眼界，决定了一个人看到的世界。同样是一座山，但站在不同的高度，看到的风景是不一样的。

◎ 有远见的父母一定要带孩子到名校看看。让孩子们亲身感受那丰富多彩的校园生活，参观校园并非只是简单地拍拍照、发发朋友圈，而是需要父母提前做好功课，了解名校的教育理念和深厚底蕴，父母要做好孩子的导游。这样，孩子们在亲身感受的同时，也能从精神上得到更深的浸染和启发。

◎ 努力不一定让你实现理想，但努力一定会让你成为更好的自己。人生路上每一步都算数，你付出的每一点都有意义。

真实自有万钧之力
——人大学子采访记

姓名：李逍
就读院系：社会与人口学院

    枫叶经霜艳，梅花透雪香。小学顺利考入本地最好的初中，中考成功进入全省重点高中，高中阶段几经挫折重塑后超常发挥，高考以全省第 52 名的成绩进入梦想的大学。粗略来看，我在求学过程中的每个重大节点都取得了不错的成绩，一路走来看似顺风顺水、一片坦途，但漫漫求学路上，汗水混合泪水流下，还有不为人知的艰辛酸楚却是我自身切切实实的经历——正如三毛所言：任何一份生命都有它生长的创痛与成长的过程。

    出生在一座西南边陲小城，幼年的我似乎将随着大流同这个小城的大多数人一样，完成基本学业后就继续留在这座小城讨生活。但幸运的是，我的父母开明且重视教育，所以即使我成长在一个普通家庭，他们也积极发掘并尊重支持我的兴趣爱好，亦师亦友，引导着小小的我树立了正确的人生观，对我今后的发展起到了重大作用。

    初入小学时我并不是班级里最拔尖的孩子，成绩总是在中游徘徊，做作业也需要家长督促才磨磨蹭蹭地开始。当时的我因为深深迷恋动画《芭比之十二芭蕾舞公主》中芭比们优雅美丽的舞蹈，就让妈妈为我报了芭蕾舞蹈班，但没过多久，我就因为舞蹈学习过程中压腿带来的痛苦想要放弃。印象最深的是在我对妈妈说了我不想去跳舞后，妈妈耐心询问了原因并对我说："宝贝，当初是你要学习芭蕾的，爸爸妈妈都支持你的喜好，但任何时候学习都是自己的事。你既然已开始学习芭蕾舞蹈，就不能轻易放弃，即使过程可能会遇到很多困难，要永远相信自己，坚持下去努力做到最好就是最棒的。妈妈告诉你这个道理，但是也尊重你的选择。可以告诉妈妈你的决定吗？"妈妈严肃又认真的语气我至今记忆犹新，我

👉父母对孩子的尊重、理解和良好的沟通是孩子成长路上的一盏灯，也正因为李逍最后对舞蹈十年的坚持让她从小学会了面对困难，战胜困难，同时培养了坚强的意志和毅力，这也就为李逍能顺利考进名校打下了坚实的基础。没有人喜欢困难，但没有人能不碰到困难，当困难来临的时候，逃避解决不了任何问题，积极面对，勇敢挑战，你会发现每一个你经历的困难都是为了更好地让你成长。

思考了一会儿，下定决心继续芭蕾舞蹈的学习，一坚持就是十年。在这次对话的影响下，我的学习态度也发生了转变，由被动转为主动，成绩不断提升，稳定在班级前列，并且成功进入了本地最好的初中。

进入初中后，五花八门的科目加上与小学截然不同的学习节

奏令我措手不及。由于数学学习难度的上升以及个人时间安排的不合理，在几次满分 100 分的数学小测中，成绩逐次下滑：73 分、65 分、58 分。看着小测上逐次下滑的成绩，我心里也难受万分，信心不断受到打击，不由得哭了。数学老师注意到我的低落，她耐心地同我一起分析试卷上呈现的问题，并帮我制定解决方案，在冷静理智的分析下，我的情绪也稳定了下来。她说得很对，做错题丢分并不可怕，这正是查缺补漏的重要机会，只有发现不足、认识不足、改正不足，才会有进步的空间。我据此制定了学习规划和方案，不断总结错题，在接下来的第一次月考中获得了年级第一的好成绩，数学也获得了 117 分的高分，此后信心大受振奋，学习热情也高涨，养成了良好的学习习惯，初中阶段稳居年级前十，并且在中考中稳定发挥，成功进入省重点高中。

> 正如李逍的数学老师所言，丢分考砸这些并不可怕，可怕的是因为其中的一次考试失利而否定自己，放弃奋斗。只要出现问题，它都有原因，找到背后的原因，就能找到解决方案。从哪里跌倒，找出跌倒的原因，以及避免再次跌倒的方法，就从哪里站起来。题目就是这样，你做错了，不去找出做错的原因，以及找出下次避免出错的方案，那么以后照样会同样丢分。丢分，是让你更好地进步的机会。

可以说初中阶段是我学习与兴趣发展兼顾的一段美好时光，课余时间最爱与好友打篮球、踢足球，不仅强健了身体，也发展了一段延续至今的珍贵友谊。

在初中阶段的学习中，正确的学习规划与学习信心是非常重要的，有的时候只是需要一个提振信心的契机，辅之以正确的学习方式就可以达成一个学习层面的正向循环。

进入省重点高中后，我独自一人来到全新的城市，身体水土不服造成的状况百出、浓烈的思乡之情、陌生的同学、寄宿制生活方式以及陡然加速的学习节奏，让我承受着不小的压力。在这里，我第一次接触到大型又正规的年级考试。但是第一次月考的结果并不如人意，全年级近千人，而我的排名仅在班级第 45 名、年级第 758 名——这无疑对初中阶段习惯做"天之骄子"的我是一次重大打击。晚自习课间休息时，我独自来到学校小花园，给母亲打电话，崩溃大哭地诉说考试失利以及对新环境的种种不适应。妈妈听了我的话很心疼，安抚了我的情绪后告诉我，学习就是一场中长跑，不到最后不见分晓，当务之急是尽快调整自己，适应学习节奏，及时更改学习方式，多与老师沟通。

情绪平复后，我便去办公室找每一位科任老师分析月考试卷，并且了解不同老师的教学方式、要点以及相应科目的学习方法，

在这里，李逍同学能鼓起勇气找每一科老师虚心求教，让我深感佩服。面对失败，拥有积极向上的勇气，积极发现问题，并找到应对之策，调整节奏，这个方法非常适合每一个考试失利的同学。短短一年成绩提升了将近500名实属不易，可见只要心态好了，节奏对了，方法有了，就没有什么不可能的了。所以当你考试失利时，不要长时间地沉浸在自我怀疑和否定中，自我否定也好，一蹶不振也罢，解决不了当下的任何问题。找个人倾诉下，再跑个步释放下，然后分析原因，找到应对方案，才有逆袭的可能。

相应地制定了每一科的学习计划与科目特点。经历了情绪的翻涌，我用实际行动脚踏实地来寻找应对之策，心中安定了很多。是的，能进入省重点高中的同学都是优中择优，很多当地的同学都比我更适应这里的学习节奏，不过这只是开始，并不意味着我比他们落后多少，也并不意味着我一定比他们差，只要我稳住心态，辅之以切实的行动，就一定能一步一步地往上走！坚定了这个信念，我集中精力解决学习上的问题，虚心地向同学请教学习方法，向老师请教不懂的问题，考试后及时复盘总结，终于在期中考试向前跃进到第445名。我深觉学习策略有效，乘胜追击，在第一学期的期末考试取得了第284名的成绩。高一学年就是在这样不断反思、改进、实践、进步的过程中度过的，并且在最后的分班考试中成功进入到"A班"。

进入"A班"后的学习是更加紧凑的，面临的学业压力也更大，因为里面集中了全省最优秀的同学。高二学年的生活又是充实而幸福的，因为班主任鼓励我们大量阅读，所以在这一学年里，成绩虽然只稳定在班里的中等偏上，却阅读了七十多本书，因此爱上了阅读，也养成了阅读的良好习惯，隐形积累了很多宝贵的知识财富。我的思维更加成熟，眼界也更加开阔，关注到了更大更广阔的世界，并对其心生向往。就这样充实幸福地迎来了痛苦、焦虑、崩溃又不断重塑信心的高三阶段。

高三的日子实际上是我精神不断崩溃又重塑的过程。由于成绩并不突出，并且伴随着较大的波动，那段时间的我是极度敏感而焦虑的，有的时候还因此失眠。但是有了高一阶段的经验，我依然将情绪上的焦虑转化为学习上的切实行动。无论如何，我的情绪和精神每次崩溃后总能成功重塑，这样的过程贯穿我的高三生活。因此，允许情绪存在，允许自己崩溃也是情绪管理中很重要的一部分（注意是允许，而不是肆意放纵），但是重点应该落脚在随后的重建，这是非常必要的，每次重建在某种程度上都增强了我情绪与精神的承受能力。为应对紧张又紧凑的多轮复习，在完成老师当天布置的任务外，我辅之以大量刷题来寻找题感。面对密集的大型考试，无论成绩好坏，我保持了每次考后找老师分析试卷的习惯，并且针对每次考试结果进行总结。我至今仍然感谢老师，他们在谈话过程中带我逐步深入剖析，一针见血地点出我逃避的、不愿直面的学科缺点、弱点，即使这个过程中我的小心脏感觉被"针"扎得鲜血淋漓，但在日记里总结时，鼓起勇气独自直面挫败时，在下一次考试战胜它们时，我获得的小小成就感又是无可言喻的。虽然可能下一次考试也并不如人意，又会

👉对每次考试的总结，以及找老师分析试卷是非常好的方法，因为老师有着非常丰富的经验，总能一针见血地给你指出薄弱点，这样也利于你更好地对薄弱点进行强攻，同时老师也能给你比较专业的解决方案。尽管每次考试都会有每次考后这不会那不对的问题，但办法总比困难多，错题也会一次比一次少。就想你欠了别人1000块钱，每一个月还50，尽管还得慢，也总有还完的一天。考试也是一样，就算一开始你无法直视，到处扣分，但每一次考试结束你都在分析试卷，解决问题，总有一天你会惊讶地发现，几乎没有什么题能让你轻易丢分了。

有新的问题出现，但是无所谓，关关难过关关过，只要思想不滑坡，办法总比困难多。

高考那天我心中十分平静，我做了自己能做的全部，拼尽全力，问心无愧。

好在真实自有万钧之力，我最终在高考中取得全省第 52 名的成绩，成功进入梦想的中国人民大学。

我的朋友，你理想中的大学生活是怎样的？

是轻松、自由、五彩缤纷的，它没有高中生活的枯燥，也不像高中生活，只是三点一线。大学生活可以发展自己的兴趣爱好，可以结交五湖四海不同的朋友，可以领略大城市不一样的风景，是充满浪漫与无限可能的……

是这样的，但又不只是这样。

进入一所好的大学后，除了在毕业找工作时可以享受名校光环带来的加成外，你还可以享受到雄厚的师资力量，很多曾经在电视科普节目里进行教学讲座的名师教授会生动地站在你面前，面对面地向你传授具体又奇妙的知识。只要你想，你可以像一块干燥的海绵一样，从精彩的课程中不断地吸收知识的养分；不只是专业知识，你也可以选择选修或者旁听你感兴趣的课程，丰富扩展你的知识面，将你感兴趣的内容变为深刻又专业的理解。除此之外，好的高校会享受更多的科研与经费的投入，这也就意味着你会享受更好的资源，你可以听到更多更专业的各领域大咖的讲座与学术会议，除了专业知识方面的提升以外，你也会有更多提高个人涵养的机会。拿中国人民大学举例，学校会举办邀请众多明星现场演唱的歌会，也会上演很多精彩的话剧音乐剧，放映不同时期的经典电影，举办各种各样的展览与活动，甚至能参与《流浪地球》《三体》《中国乒乓》等电影、电视剧路演宣传的机会，与各界名人近距离接触……

> 正如李逍所说，名校的确有非常多的与名人近距离接触的机会，不得不说有时候真的很羡慕名校生，因为在外面近距离接触名人的可能性微乎其微。

精彩纷呈的课余生活可以丰富学生们的日常，本校学生甚至可以以学生价得到更多优惠。为促进学生德、智、体、美、劳全面发展，丰富多彩的社团活动也不能少，除了传统的绘画、歌唱、舞蹈、钢琴等社团以外，你还可以接触到高尔夫球社、滑雪协会、棒垒球社、猫协等丰富多彩的学生组织，只要你感兴趣、有热情就能参与其中，在社团活动中学习不同的技能、丰富自己的课余生活。

此外，你也能够结识很多优秀的同学。大家都非常努力，学习生活很规律，会遇到很多执行力和耐力都特别强的同学，在这样氛围的感染下，自己的状态也会受影响，变得积极向上。在大学里我们拥有了更多自我选择的权利。

财富不一定能代代相传，但精神可以永远继承和发扬。在名校氛围的浸润下，这些通过自我变革和付出巨大努力之后重塑起来的优秀习惯，会帮助大家活跃在各自人生的舞台上，闪耀着属于自己的光芒。

上述关于大学的描述是否能激发大家对名校生活的向往呢？

在青春的田野上，每一位同学都是一粒蕴藏着无限可能的种子，等待着时机的到来，破土而出，迎接阳光的拥抱。大家怀揣着理想与希望，就像执着的向日葵，始终坚定地追随着光明的方向。

理想，是心灵的灯塔，在茫茫人海中指引着我们前行的方向。它不是虚无缥缈的幻想，而是脚踏实地的目标。同学们要把理想当作心中的北斗星，用它来定位自己的每一次努力，不让青春的航船迷失在茫茫的海域。

希望，是生命的火焰，即使在最黑暗的时刻，也能点燃你们内心的热情。在追求梦想的路上，难免会遇到困难和挫折，但请记住，每一次跌倒都是成长的礼物，每一次挫败都是成功的垫脚石。只要心中怀有希望，就没有什么能够阻挡你们前进的步伐。

脚踏实地，是通往成功的必由之路。不要羡慕那些飘在空中的云彩，因为它们没有根基，随时都可能被风吹散。你们要像大树一样，深深扎根在土壤里，汲取每一滴养分，努力向上生长，直到枝繁叶茂，成为一道亮丽的风景。

奋斗，是青春最亮丽的底色。不要害怕汗水和泪水，因为它们会浇灌出最美丽的花朵。在奋斗的过程中，你们会遇到各种各样的挑战和考验，但正是这些经历，会让你们变得更加坚强和成熟。当你们回首往事的时候，会发现这些曾经的艰辛都变成了难忘的回忆和宝贵的财富。

所以，亲爱的同学们，请珍惜这段美好的时光吧！用你们的理想和希望去点亮青春的天空，用你们的脚踏实地和奋斗去书写人生的华章。相信在未来的日子里，你们一定能够绽放出属于自己的光芒！

感谢你能看到这里，絮絮叨叨说了这么多，最后想把我高三课桌上贴着激励自己的一句话送给大家："真实自有万钧之力。"请相信自己多年来的努力，希望大家都能在高考考场上沉着冷静细心地面对高考答卷，衷心祝愿大家都能进入梦想的学校。

加油！

I ♥ 复旦 20

博学而笃志　切问而近思

复旦大学

不惧挑战 追求卓越

复旦大学学生会

　　复旦大学校名取自《尚书大传》之"日月光华，旦复旦兮"，始创于1905年，原名复旦公学①，1917年定名为复旦大学。1951年，应陈望道校长之请，毛泽东主席为复旦亲笔题写了校名。

---

　　① 1902年，马相伯倾其家产，借天主教徐家汇天文台余屋为校舍，创办震旦学院。1905年，为反抗教会势力干预校政，于右任、邵力子等130名学生愤然脱离震旦，支持马相伯在吴淞复校。1905年9月14日，国人自办的第一所高等学校——复旦公学在上海吴淞提督行辕正式开学。

学校简称：复旦

建校时间：1905 年

校本部：上海市杨浦区邯郸路 220 号

学校类别：综合类

办学层次：位列国家"双一流"A 类、"211 工程""985 工程"
　　　　　建设高校

身临其境

『探』复旦

复旦大学校训
博学而笃志，切问而近思

◇◇ 复旦校园——仿佛置身于知识的殿堂

　　踏入复旦大学，感觉知识从四面八方涌来把自己包围，感受到一种浓厚的学术氛围和历史底蕴，心中满是震撼与景仰。复旦大学每一栋建筑似乎都在诉说着智慧与传承，漫步其间，能体会到一种向上的力量，内心不由升起一股力量，激励自己去努力，去学习，去成长。

◇ 复旦食堂——饭后摇身一变成了一座无言的图书馆

踏入复旦，给我留下最深印象的，并非那巍峨的教学楼、典雅的图书馆，而是食堂。

我并非饕餮之徒，专门提及食堂，并非因那里的美食诱人垂涎，虽然我确实很喜爱复旦的美食。但真正打动我的，是那里的氛围。

在我游历过诸多名校之后，我首次见识到，复旦的食堂竟有如此之气象。当夕阳的余晖洒在餐桌之上，已是傍晚六点多钟，我记得那一天是 9 月 22 日，学校开学不久。按理说，人们吃完饭，或嬉笑玩乐，或归寝休息，但我竟做梦也没想到，七点过后，食堂竟摇身一变，成了一座无言的图书馆。

越来越多的学生有秩序地放置餐盘，回到座位，开始全神

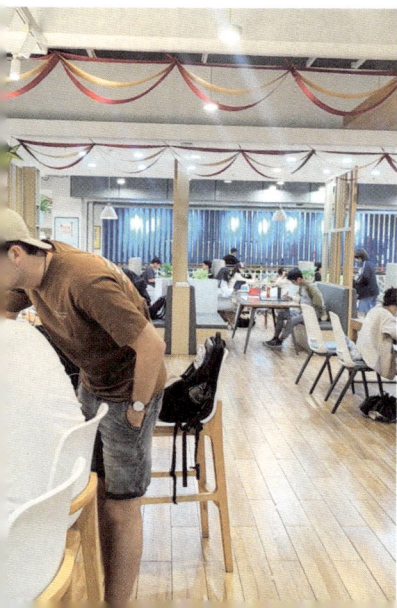

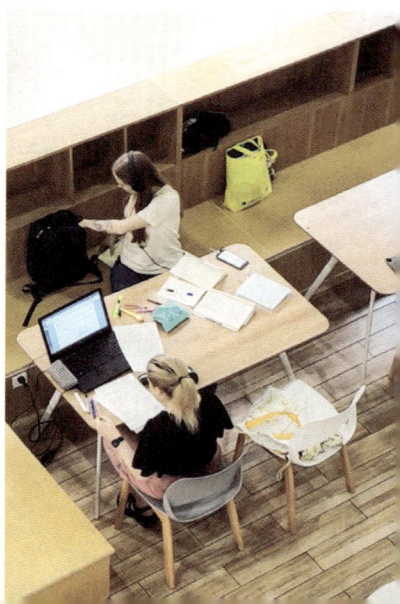

贯注地研读，他们如饥似渴地学习，那一刹那，我被眼前的一幕震撼住了，愣在那里，难以置信。

我四处踱步，发现四面八方都是沉浸在学习之中的学生。这些努力奋斗的场景，让我一时间分不清我在图书馆还是在食堂。回忆起自己的大学时代，吃好饭已是七点多，食堂早已熄灯，其他同学或约会，或游戏，或追剧，或兼职，因此复旦食堂里发生的是我从未见过的震撼一幕。

如同诗篇一般，在食堂的灯光下，同学们的身影在书页间跳跃，如同星辰点缀夜空，犹如画家的调色板上滴落的色彩一般丰富斑斓，有的在讨论学术问题，有的在阅读经典著作，有的在写论文、有的在研究课题。每一个专注的眼神，每一个坚定的动作，都犹如璀璨的钻石镶嵌在生命的画卷中。他们用实际行动告诉我：学习永无止境，奋斗永不停息。

这画面如同一首动人的诗篇，在我心中回荡。我想起了一句名言：“学如逆水行舟，不进则退。”在这里，我看到无数前进的步伐，感受到无限的学习热情和奋斗精神。

这种场景让我深感震撼，也让我对未来充满了期待和信心。这就是我眼中的复旦食堂，既是提供美食的地方，更是无数学子们追求知识、磨砺意志的殿堂。

他们的自律，简直到了令我惊异的地步。我开始反思自己的青春，是不是过于放松了，是不是过于悠哉了。是的，他们的自律，让我看到了我青春的另一种可能，让我看到了被我忽视的坚忍和毅力。

　　我坚定了信念，我要去拍摄那些名校，去记录名校背后的故事，去捕捉那些励志的画面，去展现那些努力的状态。我希望通过我的镜头，让更多的人，尤其是那些正在迷茫中挣扎的人看到更大的世界，我希望我的影像能给予他们更多的力量和信念。看看那些名校学生，他们每天早早地起床，早早地开始学习，一直到深夜。他们在图书馆里一坐就是好几个小时，他们在操场上奔跑，他们在教室里思考，他们在困难面前不屈不挠，他们在挫折中依然坚韧不拔。

　　他们的身影，他们的精神，他们的信念，都让我深深地感动。在环境上，名校拥有最优质的教学资源，最优秀的师资力量，最浓厚的学习氛围。这里的学生拥有无数的机会和挑战，他们的未来拥有无限的可能。他们的每一次进步，每一次成功，都让我感

到无比震撼和钦佩。

我希望通过我的镜头，把这一切传递出去。我希望我的影像能成为一座桥梁，连接一些人的梦想和现实；我希望我的镜头能成为一支火炬，照亮他们前行的道路；我希望我的镜头能凝聚一股力量，激励每一个人去追寻自己的梦想，实现自己的价值。

◇◇ 复旦图书馆——自律与上进，才是生活的真谛

夜幕降临，那一幕在我眼前缓缓揭开，震撼无比。虽然亲眼所见让我心潮澎湃，但我仍不愿相信这一切。

我总觉得，那可能只是巧合，是一种偶然的机遇。于是，第二天我走进了熟悉的图书馆，试图寻找答案。

双休日的图书馆，本应是一片宁静，然而我却被眼前的景象惊呆了。我仿佛置身于一个理想中的世界，这里没有蹉跎光阴的人，只有追求知识的勇者。他们如同一座座灯塔，在知识的海洋中熠熠生辉。他们的自律与上进，仿佛是一股清流，洗涤着我的内心。如果你选择躺平，选择沉溺于玩乐，你将孤独无助，被众人遗忘。而你若选择和他们一起奋斗，你将感受到无尽的温暖和充实，每一次努力都会带给你成就感。

图书馆的每一页都充满了智慧，每一行字都如同一位智者的低语。在这里，你不仅能感受到知识的魅力，更能见证那些平凡人的不平凡。他们用行动诠释着自律与上进，用汗水浇灌着梦想

的花朵。他们的精神，如同璀璨的繁星，照亮了我们前行的道路。你看那勤奋的背影，如同春天的耕牛，默默耕耘；你看那专注的眼神，如同璀璨的星光，闪烁着对知识的渴望。这就是我们身边的学生们，他们就在我们身边，用自己的行动告诉我们：自律与上进，才是生活的真谛。

一踏入图书馆，除了那浓厚的学习氛围让我为之动容，犹如在平静的湖面投下一颗石子之外，馆内的设施更是让我眼前一亮，如同一幅精美的画卷徐徐展开。图书馆内的温度全是由中央空调在精心呵护，仿佛是夏日里的阵阵清风，冬日里的缕缕暖阳，让人心生欢喜，舒适无比。

而那一排排皮沙发，质感高级，色泽光亮，给人一种稳重的感觉。然而，这其中唯一令我遗憾的是，我未曾有机会坐下来感受一番。毕竟，沙发若是太软，对专心学习的人来说，确实不太适合。想象一下，若是学困了，学累了，躺在这样的沙发上小憩一会儿，那感觉简直就像在柔软的云端上飘荡，又如同躺在母亲的怀抱里，温暖而安详。然而，这沙发若是影响了学习，就像反作用力的火箭助推器，虽然能带你去往高处，但也会让你返回原点。

◇ 复旦教室
——他们专注的神情如同雕塑

让我深感意外的是，周末的教室竟是敞开怀抱的广阔世界，宛如一片知识的海洋。我得以在每个教室中畅游一个完整的下午。空调的轻柔微风，如同大自然的赠礼，送来夏日的凉爽；灯光如诗如画，照亮我前行的道路，我无须担忧学校是否负担不起电费，或是为了节省电费而紧闭门户。毕竟，在某些大学，周末的教室往往是沉睡的，无人问津，即便有人光顾，也或许是在教室里追剧，或是谈情说爱，打打游戏。

然而，在这名校的殿堂，即便是寒暑假，都有教室静静守候，等待那些渴望求知的学生。因为在这里，最不缺乏的就是学习的身影，最稀缺的便是学习的场所。

那座大楼，虽非图书馆之尊，却是行政与教学力量的凝聚之

地，起初我以为它并无特别之处，但当我漫步在走廊却被那浓厚的学术氛围深深吸引，如同跌入诗意的梦境。每个位置上都有一位学生，座无虚席，他们专注的神情如同雕塑，连教授也会选择一个角落和他们共同学习。我如同找到了瑰宝，疯狂地拍摄，希望将这个名校生的世界展现在大家面前：一个比高三还要刻苦的世界！

想象一下，你走进光华楼，看到一位名校生正坐在窗边，手里捧着一本厚重的书，眼中闪烁着坚定的光芒。他时而低头沉思，时而笔尖飞舞，仿佛与书中的世界融为一体。这就是名校生的日常，他们用勤奋和汗水书写着自己的传奇。所以请记住，每一个角落都有可能是一个知识的宝藏，每一个学生都可能是一个未来的领袖。这就是我们的名校生活，这就是我们的努力世界。

你将会发现，这里的氛围就像一个寂静而又迷人的花园，每个人都被赋予了一片专属的角落，没有人抢占，没有拥挤。这里的孤独，仿佛是那种独特的、静谧的而又真实的。哪里有孤独呢？每一天都像是高速运转的机器，每个人都在为了自己的目标而默默努力，沉浸在知识的海洋中，把全部的心思都投入到学习上。

因为他们心中有着明亮的灯塔，明确自己未来的航向，知道自己想要追求什么，为此需要付出什么，每天需要做什么。

他们的计划如同繁星点点，点亮了前行的道路。这样的生活有条不紊，如同精心编织的乐章，每一刻都充满了期待和活力。没有那些无聊的损友来打扰你，拉你一起去玩乐，告诉你读书无用。但在这里，当你迷茫、困惑时，身边的学生就像一盏指引的明灯，照亮你的道路，与你一起探讨人生，交流学业，分享目标，给予你前行的力量。

所以啊，努力考取名校的意义并不只是那里的氛围多么美好，更重要的是，在那里你更容易遇到一个与你志同道合的伙伴，一起为了最初的理想而奋斗。这就像是在茫茫大海中找到了灯塔，让你更加坚定地走向远方。想想那些成功的案例吧，他们不正是如此吗？

◇ **复旦星空咖吧**——以星空命名的咖啡馆

位于复旦光华楼 15 楼，可以俯瞰复旦校园，一进门，就会给人一种很舒适又很安静之感……透明星空穹顶独具特色。星空咖吧，布局灵活，散座区、吧台区、讨论室、会议室互不干扰，阳光透过玻璃洒落，阳光从巨大的玻璃穹顶倾斜而下，总有淡淡的咖啡香萦绕在身旁，窗外车水马龙，眼前时光静缓，在这样的落地窗边沉下心读一本书再安逸不过了。

◇ 复旦校园活动——精彩纷呈，高端大气

名校的好处，是它的资源可以给你一种世界的视角，让自己在"大观念"中去成长和看世界。在这样环境下，手机的世界就显得单调和浅薄，没有真实的世界丰富有味。

余老师感悟与寄语 ⁄⁄⁄

◎ 你的理想，如诗如梦，是远方的田野，是穿越世界的旅行。握紧双手，付出时间，行动起来，哪怕遍体鳞伤，也要坚守尊严，拿出全部的力量，拿出你的 everything。

◎ 别人在打游戏，你在读书，别人在睡懒觉，你却在思考。深夜里，含泪舞蹈，在回忆里奔跑，那是一种痛并快乐着的坚持。

◎ 年少时没有人想成为一个普通人，哪怕生活给我们带来苦痛，践踏我们的尊严，但我们不会轻易倒下。因为你的身后有挚爱的人，那些伤痕，都将成为你的勋章，都是你送给未来的最好礼物。

◎ 那是你的理想啊，像星辰大海，指引着你的方向。总有一天，你会站在金色的舞台上，灯光璀璨，掌声雷动，所有人的目光注视着你，你却在台上侃侃而谈，那一刻，世界只有你一人。

◎ 那些曾经轻视你的对手，一定会对你竖起大拇指，说出那三个字，"你赢了"。因为你的坚忍，你的执着，你的勇气，都证明了你是真正的赢家。

读书是我通注世界的门票：
从小镇做题家到复旦硕士
—— 复旦学子采访记

姓名：瓦炉

就读院系：中国语言文学系

· 小学

　　我出生在浙江沿海地区的一个小镇，小时候家庭条件一般，但父母执意要带我到市里读书，希望我能接受好的教育。为了进入市里好的小学，2007 年的时候，父母硬是鼓起劲儿凑出来三万块钱交了学费。

　　从一年级开始我就在老师家补习功课，老师说我成了每次最早来最晚走的学生。也正是因此，小学期间，我养成了良好的学习习惯，我也没有辜负父母的希望，从一年级到六年级成绩都位列前茅，还当上了班长和大队长，我的人际交往能力和组织协调能力也得到了很大提升。小学毕业，我被评为全校唯一一个"市三好学生"，我的妈妈也被评为"最美学生家长"。毕业很多年后，我回到母校还能在学校宣传栏上看见我和妈妈的照片。

·初中

小学毕业后，按照当地政策摇号，我获得了一所公立初中的就读资格。初一到初三我更加努力学习，成绩一直保持在年级前十，还代表学校参加了市里的英语、科学竞赛，获得了不错的成绩。初三的时候，我几乎把市面上卖的所有模拟试卷都做完了，晚上九点学校夜自修结束，再在补习老师家学到十二点才回家。临近中考时，有天晚自习下课，我由于睡眠不足还从楼梯上摔了下来，好在身体并无大碍。当时还要体育中考，运动一直是我的弱项，妈妈找了一个很严厉的体育老师带我，每天早上六点钟必须到操场，练完后再开始一天的学习。于是整整一个暑假，我都四点半起床，顶着寒风摸黑出门，大口吸着冷气跑步。功夫不负有心人，我的体育成绩从 30 出头提升到了 39（满分 40），上考场的时候也底气十足。

👉我不知道初中时的瓦炉有没有"记恨"她妈妈，如此地严厉，好好的一个暑假天天早起跑步，换作我肯定崩溃了，大概率是有，但为了中考也不得不坚持。但瓦炉不知道的是，本科的她之所以那么拼命，那么努力，那么能吃苦，其实离不开初中暑假凌晨四点半跑步培养出来的顽强毅力和耐心。试想，如果当时瓦炉的妈妈不严厉，瓦炉同学也不用早起，三天打鱼两天晒网地跑跑步，那瓦炉大概率到了本科也是该睡懒觉就睡懒觉，也不会如此要强了。所以，人生没有白吃的苦，都是在为你的成功做铺垫。

初中时，班里的同学都称我为"独行侠"，吃饭、走路永远都是一个人，因为我觉得这样效率更高。当时有一段话一直激励着我，"不要觉得独来独往会很奇怪，沉淀的日子总是安静无声的，也不要怕努力了没有一个好的结果，提前焦虑只会加重你的负累。还没到最后，你怎么就知道自己不行"。最终，我以超过录取分数线40多分的成绩被当地最好的高中录取，成了很多家长口中"别人家的孩子"。

·高中

进入市里最好的高中后，我每天学习压力很大，周围的同学都是天赋型选手，很多同学在初中就学完了高一的课程。第一次月考成绩出来后，我感到巨大的落差，按照那个成绩我只能上一所普通一本学校，我深知只有更加刻苦才能追赶上他们的进度。父母为了方便我学习，在距离学校500米的小区买了房子，从此我过上了"家—学校—补习老师家"三点一线的生活。为了节省吃饭的时间，我每天中午只吃一个小饭团，高三一年瘦了二十多斤。

可惜事情并不如我所愿，努力并不是一味地埋头苦学。我的成绩虽然从垫底爬到中游，但并没有达到我的预期。

做题在质不在量。于是我开始调整自己的学习方法，将题海战术转化为查漏补缺战术。我停下无休止地抄书和刷题，而是把之前做过的错题重新归

👉努力并不是一味地埋头苦学，而是要讲究技巧与方法，这样努力才更有价值。就如瓦炉同学一样，放弃毫无头绪的刷题，改成研究错题，找出错因，然后再把对应的那个知识点吃透，理解透，这样胜过刷一百道类似的题型。所以在中、高考中，吃透知识点远比不停地刷题更有效。

类整理，分析做错的原因，寻找自己未完全掌握的知识点。在积累了一本又一本错题后，我的成绩有了显著进步，在高考三模时进入年级前 50，这是我第一次在广播里听见自己的名字。

然而人生并不是一帆风顺的，2019 年高考我遇到了有史以来最难的数学卷子，数学本就是我的薄弱项，加上心态问题，最终成绩和理想中差了很多。好在其他科目都稳定发挥，我最后被省内一所 top2 的大学录取。看着周围的同学都上了 985 名校，我内心是很不甘心的，曾想过复读，但父母担心我明年再出什么意外，可能还不如今年的结果，于是我带着遗憾进入了这所大学。

· 大学

坦白来说，我是非常不甘心的，虽然这所学校在省内的口碑很好，但我还是想去上海，想去复旦。从大一开始我就制定了保研计划，每天六点起来学习，以六百多的高分通过四六级考试，期末时门门课程都满绩，位列专业第一。为了完善自己的人文社科知识体系，丰富跨学科知识，我还选修了管理学原理、微观经济学等课程。我相信一万小时定律，从不相信天上掉馅饼，做一个自由又自律的人，靠势必实现目标的决心认真地活着。

经过不懈努力，我们专业的大牛老师注意到了我，开始带我进组做科研项目。我也没有辜负老师的厚望，从零开始看文献，协助老师产出多篇数据分析报告，并在北大核心期刊发表一篇。在研究中我发现民族文化在传播过程中遇到的问题，结合以往的研究开始下乡调查，和不同专业的同学协同合作，开发了一个民族文化传播的线上小程序，后续将成果继续转化，获得互联网＋、挑战杯等多个国家级竞赛的奖项。

大三是我最忙碌的一年，同时兼顾学业、竞赛、科研还有学生工作，每天在教学楼学到熄灯。我在半夜回寝室的路上时常想，究竟是什么样的结局，才配得上这一路的颠沛流离。在学习压力很大的时候，我会去操场上夜跑，我觉得跑步是一个用来思考的好机会，跑步时不需要交谈，只需眺望风光，凝视自己即可。在这段只属于自己的沉默时光里，我会对一天的学习生活进行总结复盘，思考问题并激活灵感。此外，夜跑教会我的是自律，是不放弃，是死磕到底。每次突破了体能极限后，我感受到的是全身心的舒畅与自由。

👉 每个人都有压力，总有情绪低落的时候，这个时候不妨戴上耳机，去操场跑个步，去大汗淋漓地释放下，跑完回来再洗个热腾腾的热水澡，会真的很舒畅。只有把自己的压力、情绪及时地释放掉，你才能在第二天轻松上阵。我自己在大学时，遇到难受伤心的事，或者郁闷的时候，也是和瓦炉同学一样，在晚上去操场慢跑，甚至后来还养成了每天跑5公里的习惯，不知不觉中练出了腹肌，后来还参加了大学的运动会，成了三届优秀运动员。我在无意中练就了自己坚强的毅力。

我认为人生道路亦是如此，在看不清未来时，就比平时坚持得更久一点，在一次次的挑战中突破自己的极限，方可迎来黎明。最终，我以综测、绩点双第一的成绩保研至复旦大学，获得了国家奖学金，圆了我18岁时的梦。

·研究生

👉 是金子总会发光，只不过是时间的问题，初中就被选拔去了名校的少年班，有些人还没高考就已经被保送，还有的人通过考研成功上岸名校。所以我们始终要坚信，你在学习这条路上的所有努力一定会有回报，因为它真的非常公平，不看你的身材，也不看你的样貌，还不看你的家庭背景，就看你的成绩。

本科的系主任老师说我是系里保研到复旦的第一人，圆梦的感觉真的很奇妙。保研之后我获得了去字节跳动实习的机会，去上海出差的时候，有天晚上下班路过复旦。我第一次看到复旦大学新闻学院的教学楼伫立在眼前时，泪水夺眶而出，这是对我过往十多年努力的最好嘉奖。考上名校是一种令人兴奋和自豪的体验。它代表着我在学业上的努力和成就，同时也为我争取了更多的机会和资源。

在复旦，我能接触到一流的教育资源和优秀的师资力量，听到了高中最爱节目《最强大脑》的主持人蒋昌建老师的讲课。当儒雅、博学、亲切的蒋老师恍然出现在我眼前时，我第一次真切感受到让人如沐春

👉 你会发现所有的努力都是值得的，瓦炉从普通本科到了复旦大学后，所获得的资源、接触的老师、参与的活动是她在本科期间无法想象的，校招的企业也大多是世界500强的知名企业，这也就意味着瓦炉同学有着相对本科来说不错的就业前景，同时身边圈子里的人更自律，更优秀，更努力，有着非常浓厚的学习氛围。复旦带给她的资源和眼界就是对她所有努力的最好回馈。

风的畅快。我坐在角落里出神，无比感恩复旦带给我的资源和眼界，感恩本科四年的奋斗与埋藏心底的名校情结。四年前家里人问我为什么非要考上985，我终于在此刻找到了答案。此外，复旦还有丰富的课程设置和专业选择，我可以在更广阔的领域中深入学习和探索，我见到了梁永安老师、王安忆老师和熊浩老师，这些优秀的教师和学者成为我的导师和指导者，他们的经验和知识对我的学习提供了很大的帮助。

复旦还有丰富多彩的学术和文化活动。我参加各种学术讲座、研讨会和世界500强企业的宣讲会，与志同道合的伙伴交流和合作。同时，复旦还有丰富的社团和俱乐部活动，我在"百团大战"上看到了跳拉丁的、玩摄影的、cosplay的同学，结识到了各个领域的朋友。与此同时，身边的同学都有着出色的学术和综合素养，与他们共同学习和交流将会激发我的学习动力。半夜十二点座无虚席的通宵教室，午休时走廊上找不到座位的光华楼，被复旦学生称作自习室的北区食堂，校园里浓厚的学习氛围，无时无刻不在激励着我学习。

最重要的是，复旦会给我带来更多的职业发展机会。名校的声誉和优势往往能够为我在就业市场上提供更多的竞争力。许多知名企业和机构更倾向于招聘名校的毕业生，这为我的未来发展打下了坚实的基础。

然而，考上复旦并不意味着一切都会轻松。在复旦，我面临着更大的学术压力和竞争，周围的同学都是全面发展的六边形战士。刚入学的时候我被巨大的同辈压力裹挟，我意识到考上复旦不是我人生的终点，而是一个新的起点，对我来说是全新的成长和挑战。通过克服困难和挑战，我将收获更多的成就和自信。

·读书是我通往世界的门票

从小镇做题家到复旦硕士，这条路我花了22年。然而，过往20多年的努力并没有让我成为别人口中"一毕业就年薪百万"的孩子。很多人说学历就是一纸文凭，但是我想要说的是，在这一纸文凭背后的经历和见识是最重要的。读书不一定能改变命运，但请你一定要相信，读书是你们通往世界的门票，通过读书考上名校，你会拥有优秀的环境圈子、资源、见识和格局，有能力选择和创造自己的生活。

☛读书不一定能改变你的命运，但是生命质量会得到很大的提升，当然生活的质量也会高许多，同时通过读更多的书，接触更好的圈子，能让你更了解这个世界，以及有更多的选择，遇到更多的机会。

可能正值初高中的你们短期内无法体会学习的意义，我非常理解学习道路上你们面临的压力与迷茫，和当初的我一样。但学习会潜移默化地影响你的智识水平，转变你看待问题、看待世界的角度和深度。当你面对颠覆你认知的事情和人时，可以通过你原有的智识能力清楚辨别。"学而不思则罔，思而不学则殆"，学习后进行思考最终才能形成自己的独立思想，独立的人不怕立于这混沌的世界，不断学习将是你们今后对抗世界虚无的最有力抓手。读书是给思想指明一条道明路，可以让你们的思想更开阔，成为今后道路上抵御挫折、诱惑的指引和基石。让你们能够辨明是非，拥护真理，这些思想的觉悟都是需要通过不断学习积累来实现的。

我们努力奋斗，未必每个人到最后都会万丈光芒，但路途中努力的你会长出铠甲变得强大，让你能更加积极乐观地面对困难，让你能有足够的底气呵护你所喜欢的东西。"物质的贫穷能摧毁你一生的尊严，精神的贫穷能耗尽你几世的轮回。"人生没有白走的路，没有白读的书，你触碰过的那些文字会在不知不觉中帮你认识这个世界，会悄悄地帮你擦去脸上的肤浅和无知。书便宜，但并不意味着知识的廉价，虽然读书不一定功成名就，不一定能让你有锦绣前程，但它能让你说话有道理，做事有余地，出言有尺度，嬉闹有分寸。

最后学姐想以过来人的身份送给大家一句话，"不要怕读书的苦，那是你看世界的路"。请一定一定要坚持下去，成为自己想成为的人。

　　👉当瓦炉同学能写出这段深刻的、励志的文字时，就是读书带给她思想提升的最好证明，她不再是从前那个肤浅的、无知的自己。就如杨澜曾说过一段关于女孩子读书的意义，我当时就觉得非常妙。"有人会问，女孩子上那么久的学、读那么多的书，最终不还是要回一座平凡的城，打一份平凡的工，嫁做人妇，洗衣煮饭，相夫教子，何苦折腾？我想，我们的坚持是为了，就算最终跌入烦琐，洗尽铅华，同样的工作，却有不一样的心境；同样的家庭，却有不一样的情调；同样的后代，却有不一样的素养。"

文

大學

　　十九世纪末，甲午战败，民族危难。中国近代著名实业家、教育家盛宣怀秉持"自强首在储才，储才必先兴学"的信念，于1896年在上海创办了交通大学的前身——南洋公学①。经过120多年的不懈努力，上海交大创造了中国近现代发展史上的诸多"第一"：第一艘万吨轮、第一艘核潜艇、第一枚运载火箭、第一颗人造卫星、第一例心脏二尖瓣分离术等。上海交通大学已经建设成为一所"综合性、创新型、国际化"的国内一流、国际知名大学。

---

　　①　因学堂地处南洋（当时称江、浙、闽、广等地为南洋），参考西方学堂经费"半由商民所捐，半由官助者为公学"，故定名为南洋公学。

学校简称：上海交大

建校时间：1896 年

校本部：上海市东川路 800 号

学校类别：综合类

办学层次：位列国家＂双一流＂A 类 、＂211 工程＂＂985 工程＂
　　　　　建设高校

身临其境

「探」上海交大

上海交通大学校训
饮水思源，爱国荣校

上海交大校园——走得让人"脚痛"的大学，又大又美！

　　走进上海交大，我首先被它的南大门震撼了，给人一种大胸怀的感觉，整个设计又很现代。进入校园，把我整蒙了，不知道该往哪里走，游完这些名校，校园的大确实一次次把我征服。我问了一位同学，如果走着把校园游完需要多久？他说："当你走到脚痛的时候，学校的半圈儿还没走完。"

❖ 上海交大学长——犹如一盏明灯

我对上海交大的钟情与印象，源自一位学长。他的存在，宛如一颗明亮的星，照亮了我求学之路的每一个角落。我清晰地记得，他当时是我们大学里一位卓越的学长，是我们物理专业对口班的领航者。他不仅在学习上出类拔萃，生活上也同样令人敬佩。

在我们这所普通学府就读的学生，能迈入 211 学校的大门，已然是众人仰望的璀璨之星。然而，万万没想到的是，学长他竟是如此的卓越非凡，竟一举考取了上海交大的研究生。后来，我创业之初，资金短缺，同学们也多是囊中羞涩。我曾带着一丝试探，向他提及借款的事，原不抱什么希望，想不到的是他竟慷慨解囊，借给我五万，这令我惊愕不已。他的慷慨援助，犹如一盏明灯，照亮了我创业之路。

这位杰出的学长让我对上海交大心生无尽的向往与期待，直到我亲临上海交大其境，内心生发出对交大深深的钦佩！

❖ 上海交大图书馆——夜晚不闭门的图书馆

午间，我踏入上海交大的校园，整整一下午，我都在为它倾倒，图书馆成为我心中无法抹去的印记。

在我就读的那所大学，周末的图书馆寥寥百人，然而在交大，

我再次被震撼。晚上9点多，图书馆灯火通明，居然还有1171位学子在孜孜不倦地学习，这让我惊愕不已。

然而这还只是冰山一角。在交大，还有另一座图书馆等待我们去探索，如果加上在教室学习的，恐怕也有几千人。甚至那些在寝室默默开启台灯、偷偷学习的小伙伴们，也仿佛是星河中的一颗颗璀璨之星。

初见门口的数字，我心中疑云顿生，在好奇心驱使下，我步入了那个世界，宛如探险家踏入未知的丛林。

每一层楼都有一群奋斗的学生，他们在楼宇的各个角落，自习区、阅览区、走廊区，默默奋斗，无声无息。

我粗略地估算了一下，实时人数真的有上千个呢。

看着这一幕，我不禁恨起自己，为什么当初没有努力一点，进入名校，融入这如此浓厚的学习氛围，与优秀的人一起成长，一起进步，一起学习。

在自习区的灯光下，他们如饥似渴，如同沙漠中的旅人寻找绿洲；阅览区的书海中，他们如鱼得水，如同航海者在大海中寻找宝藏；走廊区的寂静里，他们如同画家在创作中寻找灵感。

我站在这里，看着眼前的一切，心中涌起了一种莫名的感动。这些努力的身影，让我对上海交大的好感度直线上升了一个台阶。

我开始深深地理解了，什么是真正的学习氛围，什么是真正的大学精神。我看到的不仅仅是他们聪明才智的体现，更是他们坚韧不拔、永不放弃的精神风貌。这让我深深地相信，在这里，每一个人都有可能成为未来的领导者、创新者、研究者。

夜晚 11:30，此时的上海交大校园很安静，我经过另一座静谧的图书馆，眼见几个楼层依旧亮着灯，我想或许是管理员疏忽，未曾熄灭那盏寂静的明灯。我轻步进入，一探究竟，我踏入了知识的海洋，随意漫步其中。

到了亮灯的楼层，眼前的一幕让我惊呆了，这里竟藏匿着如此多求知若渴的灵魂，整个馆内仿佛汇聚了数百颗渴望知识的

心灵……

　　我向在此潜心求学的同学打听情况，他向我揭示了这座图书馆的另一面——这个图书馆有的区域是允许通宵读书的。这是我至今踏足过的、唯一一座夜晚不闭馆的图书馆。无论夜色如何深沉，它总是敞开大门，为寻找智慧的人们提供一处宁静的避风港。

　　我仿佛看到，那些彻夜未眠的读书人，如同一群孤独的航海者在知识的海洋中漂泊，只为寻找到那隐藏在书海中的珍珠。他们的眼神中闪烁着对知识的渴望，如同星星点点的火光在黑暗中燃烧，照亮了他们求知的道路。他们的专注和执着，让我为之动容，也让我对知识有了更深的理解和敬意。

　　这就是我所遇见的图书馆，一座夜晚永不闭门的图书馆。它就像一座知识的灯塔，无论黑夜多么漫长，它都会为寻求智慧的人照亮前行的道路。我想，这就是知识的力量吧，它能够吸引人们跨越千山万水，只为那一缕知识的光芒。

　　我笔下的这一幕，并非要唤起你们对熬夜的痴迷与狂热，而是希望你们能窥视名校生的世界，感受他们那如诗般的奋斗历程。你会发现，他们并非如童话故事中的幸运儿，轻易就能踏入名校的大门，他们的背后，是无数个默默奋斗的日夜，是无数的汗水与泪水，是比星辰还璀璨的坚持与执着。他们的努力已经融入了骨髓，成了一种习惯。

　　所以朋友们，当你看到他们的努力，你就会明白，真正的成功并非偶然，而是用无数个日夜的付出与坚持换来的。这正是我要分享给你们的——名校生的世界，那个充满汗水和希望的世界。

然而，现实总是那么的出人意料。当你踏入那普通的大学之门，你或许会发现，室友们也并未如你想象的那样沉入梦乡。有的在微弱的灯光下，与远方的恋人低声细语；有的则在键盘的敲击声中，沉浸在游戏的虚拟世界。还有的，双眼紧盯着屏幕，被剧情牵动情绪，无法自拔。

就在你期待宁静的夜晚时，我曾有幸踏入宛如另一个世界的寝室，那里安静得仿佛可以听到心跳，每一盏小台灯都散发着暖黄色的光，像是知识的灯塔。在那里，每个人都在独自钻研，如同探险者在大海的孤岛，那氛围令人敬畏，任何人都会被那氛围所感染，情不自禁地投入学习。

在寝室的灯光下，一个个寻求知识的小船，稳稳地在知识的海洋中航行。那种氛围，那种安静，那种专注，让人心生敬意，也让人自愧不如，因为在那里，学习已经成了生活的一部分，而不再是额外的负担。

夜幕降临，我离开上海交大，踏上归途，但路上的景象却让我心生感动。

我望见那灯火辉煌的寝室楼，犹如夜空中的繁星，昭示着无尽的知识与智慧仍在涌动。我仿佛能想象到，那些勤奋的学生们，正在用他们的勤奋与毅力，与黑夜进行一场无声的较量。

我看到了那些刚刚从教室或图书馆归来、独自踏上回寝室之路的学生，身影孤独，却带着坚忍与决心。那些女生，或许刚刚结束了漫长的一课，或许刚刚从书页的海洋中找到了新的启示，她们的眼神中闪烁着智慧的光芒，仿佛夜空中最亮的星。

那些男生，或许刚刚完成了某一道难题的挑战，或许刚刚在知识的迷宫中找到出路。他们的脸上洋溢着自信的微笑，那是他们努力的痕迹，是他们汗水的见证。我望见他们的背影，如同山岳般坚忍，如同江河般奔腾。

其实，不只是深夜时分，午后那短暂的片刻，我也是拼尽全力，捕捉着生活的点滴。在喧嚣的尘世中，我未曾目睹情侣们欢声笑语的倩影，也未曾留意到那些打扮得如花似玉的女孩们即将踏上闲逛的路程。我看到的，几乎都是神情专注的学生们，他们或奔向教学楼，或直奔图书馆，或投入实验室，匆匆忙忙，无暇他顾。

◇◇ 上海交大教学楼——仿佛成了学子们的第二个家

教学楼仿佛成了他们的第二个家，那里或许就是他们寻找到的快乐与温暖的源泉。有的学子，独坐在走廊的角落，静心钻研，书本与窗外的风景，成了他们心中的最佳配乐，犹如夜空中闪烁

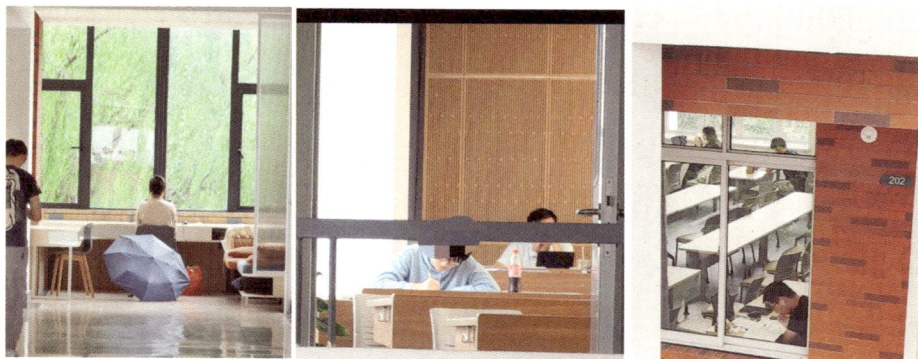

的星星，他们在知识的海洋中，独自照亮自己的航道。

有的学子，则在空旷的教学室内，笔尖飞舞，书页翻飞，犹如在战场上奋勇杀敌的勇士，汗水与墨水交织，那是他们向未知挑战的战书。

◈ 上海交大咖啡馆——学习氛围犹如炽热的火焰

我曾踏足咖啡店，那里也是知识的海洋，热烈而深沉。那里学习的氛围犹如炽热的火焰，燃烧着每一个角落。大家聚精会神，如饥似渴，如同寻找智慧的旅者，追寻着知识的踪迹。

那位同学，他正用那双明亮的眼睛，专注地盯着书本，仿佛要把每一个字都刻进心里。他的嘴角微微上扬，那是满足的微笑，

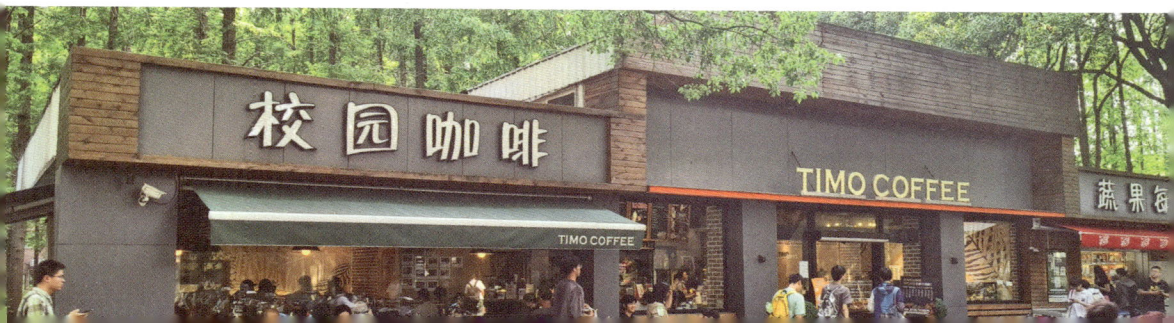

那是收获的喜悦。

再看看那位，她正在用笔在纸上飞快地划过，那是思考的痕迹，那是理解的步伐。

这里的学习氛围为什么如此浓厚？那是因为这里充满了热情，充满了激情，充满了对知识的渴望。

这里的人都明白，只有通过学习，才能更好地理解这个世界，才能更好地生活在这个世界上。

所以他们来了，他们愿意在这里度过一段美好时光，他们愿意在这里燃烧他们的热情。

◇◇ 上海交大麦当劳
——争分夺秒的学子

在校内的麦当劳，学府之光也是熠熠生辉。那里，学子们或站或坐，全神贯注地盯着平板上的数学题，宛如探险者在寻找未知的宝藏。那几分钟的时间，对他们来说比任何财富都更宝贵。

就像那位从普通院校逆袭的学长，他的名字早已成为我们心中的灯塔，照亮前行的道路。他曾说："优秀的人必将去优秀的

世界，优秀的世界必将成就优秀的人。"这句话如同一把钥匙，为我们开启了一扇通往更广阔天地的门。

这就是我所深爱的上海交大，犹如一位历经风雨却依然坚韧不拔的勇士，诉说着从平凡走向卓越的故事。

余老师感悟与寄语 ///

◎ 在青春的尾声，我踏上了创业的征途，怀揣着满腔热血，以为自己才华横溢，能力超群。

◎ 然而，现实的残酷，如同一场突如其来的暴风雨，让我背负了几百万的债务，险些迷失了方向。

◎ 起初，我以为创业不过是一张白纸，任我挥洒，后来才明白，这并非易事，而是一场没有硝烟的战争。日夜兼程，我拼尽全力，却未能绘出辉煌的篇章。终于，我不得不承认，连读书这等小事都无法驾驭，又如何能驾驭那比读书复杂百倍的创业之路？

◎ 读书时代的懒惰，如同欠下的债，终究是要偿还的。当我再次目睹名校学子的勤奋与坚持，心中涌起无尽的美慕。他们的"吃苦"，是对未来的投资，是通往成功的必经之路。这份"苦"，虽苦涩，却甘甜，因为它终将开花结果，带来丰硕的回报。

◎ 读书是那智慧的种子，让我们在挑战中成长，在每一次的努力中，我们学会了坚持，学会了担当。不是为了一时的荣耀，而是为了一生的成就，在知识的海洋里，我们找到了方向，我们铸就了未来。

梦里到过的地方，
终有一天脚步也能到达
——上海交大学子采访记

姓名：胡真祺

就读院系：媒体与传播学院

我出生在一个小县城的普通家庭，既不大富大贵，也不是什么书香门第，父母对我也没有什么太高的要求，所以小时候我其实是没有什么名校梦的。

我读小学时，成绩一直一般般。直到上了初中，我交了一个很好的朋友，我们一起学习，互相帮助互相鼓励。我们既是朋友也是竞争对手，在学习上我们俩你追我赶。我们的成绩都得到了很大的提升，基本上初中三年我们俩的排名都没跌出过年级前三十名。

凭借优异的中考成绩，我顺利去了县里最好的高中的重点班。高二那年文理分科，我选择了文科，并且去了文科重点班。当时一切似乎都很顺利，一次市考我甚至排到了市里第四名，是学校的年级第一。老师们都对我寄予厚望，爸爸妈妈对我的表现也很满意，我那时对自己也充满了信心，即便如此，我当时心里想的还是"去个好大学就行，顶尖名校还是算了吧"。

真正让我萌发名校梦，种下名校情结的是一档叫作《一站到底》的节目。

高中的学习是累人且枯燥的，所以老师课间放的节目就变得格外有趣，有时候老师甚至会用上课时间给我们放《一站到底》。我们还会模仿节目，一个人当主持人，两个人答题，如果赢了就会特别开心特别激动，仿佛自己真的参加了节目。通过这档节目，我见识到了很多优秀的人，我佩服他们的知识水平、谈吐修养和励志经历。我和朋友都特别喜欢这个节目和节目里的嘉宾，像胡晓、彭雪茹等名字我现在依然记忆深刻。我最喜欢看《一站到底》的名校 PK 赛，各位来自世界顶尖名校的人在一起 PK，清华北大复旦上交、剑桥哈佛牛津普林斯顿……看得简直太过瘾了。不仅仅是看他们答题，还看他们分享自己的故事和经历，他们不仅读万卷书，还行万里路，靠自己的努力去名校，去任何想去的地方，做自己想做的事，成为自己想成为的人。站在舞台上的他们闪闪发光，其思想阅历和人格魅力都让我折服，给了高中的我巨大的动力和激励。

也就是这时，我下定决心要成为像这些名校生一样酷的人，那么第一步就是去到名校。

所以我给自己制定的高考目标是国内的 C9 学校。从那以后，我开始更努力地学习，我希望可以实现自己的梦想。因为在重点班成绩优异、表现突出，老师决定把我调到特色班，特色班是我们高中最好的班，30 人左右，里面的学生是按清华北大苗子培养的，和我一起去特色班的还有我重点班上的三个好朋友。

我以为进了特色班可以离我的梦想更近一步，但没想到这竟然是我坠落深渊的开始。

我数学不太行，在重点班的时候这个短板还不是很明显，但是到了特色班之后，我的数学成绩在班里排中等甚至下游，整体成绩也不像之前在重点班那样可以排前三，我的自信荡然无存，只感到无比的惶恐与落魄。特色班的数学老师讲题不像重点班那样细致和面面俱到，可能因为特色班的同学都比较厉害，大家一听就懂，没什么问题，我也不敢问，只能课下默默找同学帮忙。

👉 如果当时的胡真禛同学能鼓起勇气举手问，或者下课了继续找老师问，我想她考研能一次成功，不用吃那么多的苦，所以在敢于问老师的这个点上，她没用使尽全力。当然我自己读高中的时候也是如此，有问题也不好意思问，以至于后来高考三次。现在回想，高考三次和鼓起勇气问老师问题，肯定后者简单得多。而且你问问题，老师一般也不会拒绝你，大部分老师都会认真地回答。所以，学会放下一点点自己的面子，没什么大不了的，有问题就多问老师，多问成绩好的同学，万一问着问着考上了清华呢？

进入特色班后不久，迎来第一次省中学的模拟联考，我数学考得极差，连120都没到，但是班上有很多人考130分、140分，我的数学成绩在班里排倒数后十名，整体成绩排在班里中下游。这次考试给我的打击很大，让我意识到我和别人的巨大差距，我懊恼、沮丧，变得越来越不自信，我开始怀疑自己"我真的能考上顶尖名校吗？"

班主任来找我谈话，基本都是一些鼓励的话语，让我轻松一点，别太紧绷别给自己太大压力，好好调整一下，努力找回之前的好状态。我低头应和着，但是我好像不知道怎么找回之前的状态了。

一次晚自习，数学老师把正在做题的我叫出去谈话。走廊上安静得可怕，仿佛只能听到教室里沙沙的动笔声和轻轻的翻书声，我和数学老师面对面站着，我不敢抬头看他，我想他应该对我很失望吧。"你知道吗？人的一生中会有很多大大小小的考试，你现在经历的只是最微不足道的一场考试，高考也只能算比较重要的一场而已，未来你会遇到更多更难的考试。"数学老师声音温柔地说道。我很惊讶，居然没有听到想象中的责备和说教，我缓缓抬起头看着老师，嘴巴动了动却始终没有发出声音，老师的脸上一直都是慈祥的表情。看我没有开口，老师又接着说："你现在经历的只是卷面上的考试，但是未来你要经历生活真正的考试，可能是面试找工作，可能是结婚生子，可能是生老病死……每次生活的考试都是一次巨大的考验，这些可比数学题难太多了。"听完，我不知如何作答，只好怯怯地说："老师对不起，我数学考差了。"老师却连忙摆手："不不不，

> 正如数学老师所说，人生未来的各种"考试"那可比数学难多了。同样地，未来生活中你所碰到的困难也比你放下面子、鼓起勇气去问老师题目大多了，所以学生时代不要给自己制造太多的压力。考砸了，找出原因，利用可利用的所有渠道去解决问题，而不是自责、内耗。因为自责、内耗永远不是解决问题的方案。

不要说对不起，我知道你因为没考好很难受，老师刚才跟你说那番话是想告诉你，一场考试没考好真的不算什么，等以后你长大了经历多了，回看高中的这些小考试，会觉得无足轻重。老师希望你现在也不要把这些考试和数学题看得太重，尽力而为就好，没关系的。无论如何，你都要相信自己，对自己有信心，充满希望地去迎接生活里每一次或大或小的考试。"老师还没讲完，我鼻子已经酸了，眼眶也红了，感觉一开口眼泪就要流下来了。我强忍着泪水说："好的，谢谢老师。"

这次谈话之后，我开始疯狂做数学卷子，拼命刷题，我不想辜负老师和父母的期望，更重要的是我不想辜负自己的名校梦。数学成绩在题海战术下稍有成效，但并不显著，从下游到稳定在中等，我好像没有办法像书里写的那些逆袭者一样。可是我已经在学数学上很努力了，究竟要多努力才有用呢？真的没有学数学的天分吗？真的就要和名校失之交臂吗？高三的后半年我一直处于这种有点自我怀疑和自暴自弃的状态中，挣扎着前行，直到高考那一天。

没有什么发挥超常的惊喜，不出所料，数学还是拖了我的后腿，我没有考上自己一直心心念念向往的名校，而是留在了省内的一个一本大学。刚进大学时，内心很不甘，虽然这个大学也挺不错的，但是和顶尖名校相比还是有很大的差距。我失落了很久很久，却又无可奈何，渐渐地学着接受现实。

正所谓"悟已往之不谏，知来者之可追"。在大学阶段，我认真学好每一门课；参加了全国大学生英语竞赛并拿到了特等奖；

还积极参加科研课题、发论文；加入大学生国际交流协会社团，当上了学生会宣传部副部长；大三的时候，我还去欧洲交换了一学期，体验到了不一样的生活和学习方式……大学的生活是丰富多彩的，但是我心中的名校梦始终没放下过，反而随着时间的流逝变成执念，在心里扎根。于是，我做出了一个重要的决定：考研！考名校！

第一次考研考的是中南大学，但是放弃了，因为还是不想退而求其次，要考就考顶尖的。"二战"时，决定去上海，最后确定了考上海交通大学。家里人得知我要考上海交大时，基本都持反对意见，表现出深深的忧虑，怕我考不上又白白耽误一年，觉得我有点自不量力。我清楚地记得当时有位亲戚对我说了这么一句话："心比天高，命比纸薄。"但是我并不在乎他们的话，因为我知道我想要的是什么。我深知如果想要得到什么，就必须一直追逐下去，不断向前。

不管这一路是沼泽还是泥泞，不要停留，不要回头，只要一息尚存，就继续向前，去往与目标更接近哪怕一厘米的地方。家人看我态度如此坚定，也不再阻拦。

备考的一年是辛苦的，每天坚持枯燥地背书、学习和刷题，做好每日的学习计划，然

👉能勇于去追逐，坚持自己所想实现的目标，本身就已经是一种成功，不少人连追逐目标的勇气都没有。在追逐目标这条路上，倾尽全力，坚持到底，成功与否已经不是很重要了，因为整个过程一定造就了一个非常坚强的、有毅力的、有强大执行力的你，这些品格一定会让你在某个领域里成功。

后一项一项完成打钩，就这样一步步脚踏实地，并且吸取高考的教训，我考研选择了不用考数学的专业，扬长避短。学习上的痛苦是其次的，心理上的痛苦才最折磨人，看同龄人的朋友圈，有保研名校的、出国留学的、拿到好多offer的、考公务员成功的……似乎大家都有着落，都圆满了，只有我一个人还在为自己虚无缥缈的名校梦挣扎奋斗着。因为这是我的梦，就是我自己的选择，我不后悔，我也不想再一次辜负自己了，于是更拼命地复习，化失落为动力。12月的时候我一天能学十五六个小时，我不舍得浪费一分一秒。功不唐捐，我成功考上了上海交通大学，实现了自己的名校梦，弥补了当年高考的遗憾。

研一开学，我踏进上海交大校园的那一刻，那种美梦成真的幸福感不知如何言说。我收到了满满当当的开学大礼包；宿舍干净又明亮；疫情隔离期间学校会给学生发物资；听大佬讲课；图书馆和教室的环境很舒适、配置很高级；有各种各样的文化、艺术和学术展览和讲座；校园超级大，风景真的很美；遇到了一位好导师，在学期结束时甚至收到了导师和师母亲手包装的礼物。也是在上海交大，我看到大家都专注于自己的事，学习场永远是高能量；图书馆里再晚灯都亮着，知道了有天赋的人其实更努力；认识了更多更优秀的人，与志同道合的朋友一起做有意思的事。

除此之外，还有一门课让我印象特别深刻。这门课叫中国马克思主义与当代，老师讲得很好，他会放各种有趣的小视频，网络笑点不仅知道好多还随口就来，逗得全班大笑，而且居然还在

👉 如果你在普通大学的本科奋斗，真正的苦是来源于你内心的挣扎，因为你身边的同学可能正在谈恋爱，可能选择不闻不问，也可能正在逛街，唯独你一个人早出晚归在图书馆默默地奋斗，而且你也无法真正地确定你是否能成功，所以你会时不时地怀疑自己的考研是不是对的，坚持到底有没有必要，所以你的内心会不停地挣扎，就像胡真祺一样。但如果你是在名校，准备考研，那你的内心不会挣扎，也不会孤独，你身边的所有人比你都还拼，你用不着怀疑自己，或者说你根本没时间去内耗，去想坚持不坚持的事，更多的是想着如何超越他们，如何不在名校里垫底，因为你身边的那些同学实在太优秀了，你更多的时间是在竞争。所以能通过高考进入一个更优质的圈子是再好不过了。

班上 freestyle，来了段 rap 属实把我给震惊到了。同学们回答问题也很有意思，引起一阵笑声。同学们都乐意和老师互动，课堂氛围感人。思政课大家总会觉得内容枯燥无聊，但是这里的老师不但讲得有意识而且有深度，不得不说，越好的大学，老师的水平越高。有一次，我被老师结束时讲的那段话触动到了，就是那种突然敲击心灵的时刻。我们在大学里不仅仅是学知识，也是学思想、学做人，树立三观。有时候某些课可能真的会改变我们一生的思维方

👉 在网上很出名的那些名师，基本都是在名校教课。比如复旦大学的陈果老师，武汉大学的陈铭老师，北大的韦东奕老师，浙大的郑强教授，厦大的易中天教授，等等。能去名校的都是高考选拔出来的尖子生，能去名校教书的也是全国各地招聘过来的顶尖专家，教授，所以上课水平自然高，枯燥乏味的课程在老师的讲解下会变得生动有趣。

式、格局和价值观。这就是为什么我们不断追求更高的学习平台和更好的教育机会，因为真的值得！

最后，我想告诉所有的学弟学妹，读书虽不是唯一的出路，但是在这个社会上，不读书又能做些什么呢？放弃学习后，你会发现前途一片迷茫，没有指南针辨别方向，自己就像一只无头苍蝇，根本不知道距离理想的彼岸还有多远，或许只有一步之遥，或许还有万里之差。读书让你有机会去看看那个更大更好的世界，也会让你奔赴那个更好更优秀的自己。不努力学习，你永远不会知道自己可以成为什么样的人，可以拥有怎样的生活。如果你在学习的过程中遭遇了挫折和困难，请想想泰戈尔说的这句话："只有经历过地狱般的磨炼，才能有创造天堂的力量；只有流过血的手指，才能弹出世间的绝唱。"偶尔的失败并不可怕，没志气才是最可悲的。无论做什么事，只要用心、竭尽全力、努力地去克服困难，战胜险阻，跨过坎坷，坚持到底，就一定会取得胜利！不要因为暂时的失败、暂时的挫折，而永远放弃。成功的人不放弃，放弃的人不成功！

也许有时候你突然会发现自己很失败，浪费了很多时间，有时候我也有这样的感觉，但过去的事实已经无法改变，唯一能做的就是把握好现在。所以，我们要在能飞的时候绝不放弃飞，能梦的时候绝不放弃梦。人生能有几回高考，过去了就没法改变，现在认真学习还来得及，否则就会抱憾终身。请你尝试着，一点点地做出改变。哪怕只是每天多记几个单词；哪怕只是每次缩短十分钟玩手机的时间；哪怕主动开口向比你成绩好的同学求

👉 有人说，能考上名校靠的是天赋，也有人说靠的是努力。有时间去争论这个，倒不如用争论的时间去背一个单词，哪怕一天背3个，一年也能背下1000个左右。哪怕一天记一句古诗词，一年也能记下365句。哪怕今天就问老师或同学一个问题，一年就问了365个问题。少想多做，积少成多，每天做出一点点改变和尝试，我想你的最终结果都不会差。

教……不积跬步，无以至千里。扎扎实实一步一个脚印，靠自己的双脚，踏过坎坷走出的路，才是真正属于自己的路，才是通往梦想彼岸的路！

南京大学

　　南京大学是一所历史悠久、声誉卓著的高等学府。其前身是创建于 1902 年的三江师范学堂[①]，此后历经两江师范学堂、南京高等师范学校、国立东南大学、国立第四中山大学、国立中央大学、国立南京大学等历史时期，于 1950 年更名为南京大学。

---

　　① 1902 年 5 月，张之洞与其好友、时任两江总督的刘坤一一起向清廷上奏，呈请在两江总督署江宁（即南京）办一所师范学堂，同年开始筹建三江师范学堂。

学校简称：南大

建校时间：1902 年

校本部：江苏省南京市鼓楼区汉口路 22 号

学校类别：综合类

办学层次：位列国家"双一流"A 类、"211 工程""985 工程"
建设高校

身临其境

「探」南大

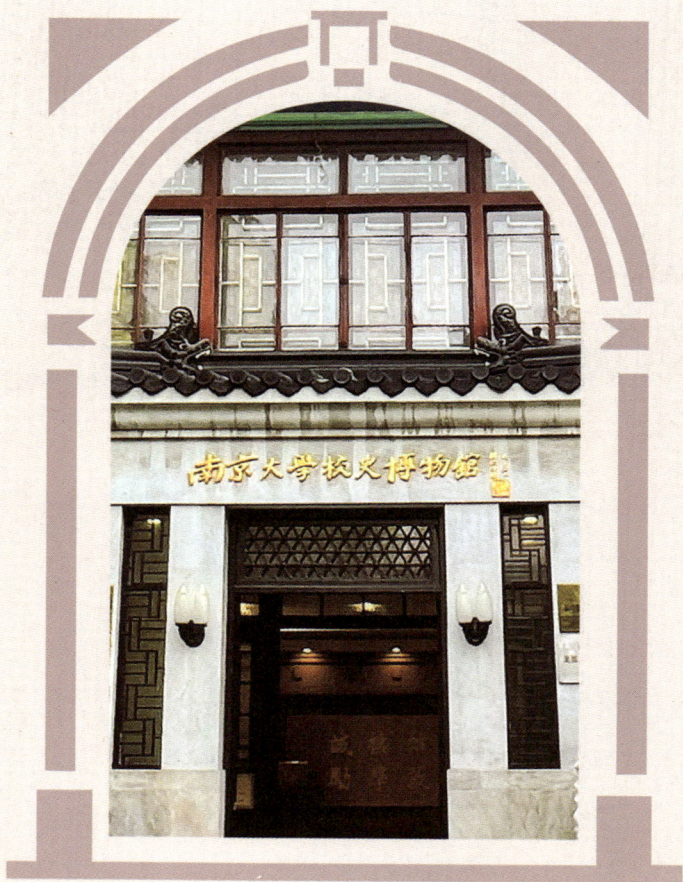

南京大学校训
诚朴雄伟，励学敦行

◇ **南大校园**——如同古代的帝王城池

　　我曾对南京大学一知半解，未识其真容，只是听过一两次它的名字，仅此而已。我们上学那时信息传播比较不便，清华、北大、浙大、厦大等名校如同夜空中的北斗，熟识于心，其他的大学犹如迷雾中的灯塔，难以触及。

　　我对南京大学的探寻与理解，源自一位昔日的小学同窗。儿时我常去他家，与他嬉戏，以为我们的友情会如同我俩的个子一样，一同拔节生长。然未曾料到，他父亲的一纸商业大计，将他推向了新的天地，转学去了市里最好的初中，而后又踏入了最好的高中，再后来，他如一只雄鹰，振翅飞入了南京大学。之后，他又远渡重洋，在日本求学，直至取得了博士学位。如今的他，定居上海。这是我从小到大见过的人生最精彩的同窗，他的故事如同一把钥匙，开启了我对南京大学新的认知与崇拜。

　　直至我真正走进南大，才惊觉，它的宏伟与壮观远超乎我的想象，它如同古代的帝王城池，庄重而神秘。那满眼的古朴建筑，如同一首首古老的诗篇，低声吟唱着历史的辉煌；那四季繁盛的花坛，如同生命的绚丽画卷，绽放着无尽的活力；那宽敞明亮的教室，犹如知识的海洋，深邃而浩渺。这里不仅是学术的殿堂，更是无数梦想的孵化器，是英雄的摇篮。

　　我曾想，如果那位同学能一直留在这里，他的生活又会是怎样的一幅画卷？然而人生总是充满了未知，就像南京大学一样，永远充满了无尽的可能和魅力。在这里，每一个人都有可能成为自己的英雄，每一个梦想都有可能成为现实。

　　想象一下，当你骑着电动车穿梭在校园的各个角落，那如诗如画的风景，那如歌如梦的时光，让人

仿佛置身于一部电影中。你不仅是在上学，你是在享受生活，你是在欣赏艺术，你是在品味人生。电动车不仅是交通工具，它更是你青春的见证，是你梦想的翅膀。

我特意留这张照片，只因我憧憬那电动车上独特的校徽，犹如勇士的旗帜在空中飘扬，那是荣耀，那是自豪。回想自己的母校也曾提供各种租赁电动车的服务，但或许是因为学校平平无奇，有无标志似乎无足轻重。然而，在名校的校园里，这样的标志无疑是锦上添花，令人瞩目。朋友们，我愿你们都能有机会体验这样的便利与快乐。

◇◇ 南大园林——园林之美，宛如画卷

踏入南大，万物皆如初春之花，绽放着新鲜。教学楼旁，无意间挖掘出的宝藏，便是南大的园林，如诗如画，如梦如幻。当心有烦忧、压力如山时，或闲暇时刻，漫步于此，风轻轻吹过，园林之美，宛如画卷。

南大教学楼——夜晚被保安赶走的学生

夜晚，教室里的学生们学得真是刻苦，保安也只能无奈地晚点来关门。夜晚每个教室里几乎都有人在学习，保安还要进教室，先提醒他们一声，一些学生会慢慢地起身整理书包离开，还有一些学生由于学习太投入，不知不觉忘记了时间的流逝，所以保安大哥喊一遍还不行，需要第二次催促。

学生们非常可爱。教室被锁门后，他们就干脆跑到楼下找个角落再学习，跟保安玩起了"躲猫猫"。保安大哥做梦都没想到，把教室的门一个个锁上后，他还要跑下楼去提醒一个个躲在角落里学习的学生。

你看，这就是南大的学生，他们用勤奋和智慧点亮了南大的每一个角落。他们就像一颗颗明亮的星星，无论何时何地，都能在人群中熠熠生辉。

更让我惊讶的是一对情侣，在楼下的某个角落，他们并肩而坐，

沉醉在知识的海洋，几个小时如痴如醉。

教学楼灯火辉煌，他们却不知疲倦。直到深夜，保安的催促声响起，大约在子夜时分，他们带着满心的执着，被"驱逐"出了这片领地。我原以为他们会回到温馨的寝室，享受片刻的宁静，然而他们却在教学楼的静音仓里找到了新的天地。

那一刹那，我仿佛看到了山涧的清泉，看到了不屈不挠的坚忍，看到了爱情真正的力量——它让彼此成为更好的自己，而非相互消耗，将彼此推向平庸。你看，这不是我们身边的爱情故事吗？那些在名校里共同进步的情侣们，他们手牵手，肩并肩，共同攀登知识的巅峰。

他们不是去游玩，不是闲聊，而是为了提升自己，为了变得更优秀。这不就是我们梦寐以求的爱情吗？它让我们变得更好，让我们勇往直前，让我们无惧困难。你看那些真实的故事，那些美好的爱情，它们就像璀璨的星辰，照亮我们前行的道路。

如果青春已恋，如诗如画，你当深思熟虑，因为此生如歌，难逢知音。若是初高中之恋，他（她）为你的世界添彩，如晨露映日，如春风拂面。倘若此刻的情感，让你心神荡漾，学习无心，成绩下滑，那爱情的甜蜜背后，可能是苦涩。切记，真爱不会让你如落叶飘零，只会让你如春花绽放。如果你们的关系能推动彼此前行，那么就让这份爱，如同灯塔之光，指引彼此前行，一同约定，迈向更广阔的大学天地。

想象一下，一对璧人走在校园的林荫道上，阳光洒在他们身上，那是多么美妙的画面啊！

那些在名校熠熠生辉的学生们，他们之所以能脱颖而出，是因为他们用汗水与智慧铸就了成功。当你走进名校，遇见优秀的他（她），那不是天作之合，又是什么呢？

◈ 南大教室——宛如科幻大片中的场景

南大教室里八台显示屏熠熠生辉，座椅更是能自动伸缩，宛如科幻大片中的场景。更令人心动的是，每个课桌里还藏着一个独立的插座，这般的贴心，怎不让人心生向往？

想象一下，某日你置身于这样的名校，与心爱的人一同漫步，眼前是高科技的设施。你品尝着美食，香气四溢，老师是那些在学术界如雷贯耳的教授，他们的智慧犹如璀璨的星光，照亮你的未来。

名校的魅力，不仅仅在于它的学习氛围好，更在于它能够提供更多的优质资源。这里有顶尖的师资，先进的教学设施，最贴心的服务。这一切，都是为了你的成功，为了你的未来能够更加光明。

◇ **南大自习室**——寝室楼下的通宵自习室

夜幕降临，十二点的钟声回荡在校园，我路过那熟悉的寝室楼，心中不禁涌起一股莫名的感慨。我惊讶地发现，几乎每一栋寝室楼下，都有一个通宵开放的自习室，无论是男生寝室还是女生寝室。你会看到，每个座位都被争分夺秒学习的学子们占据，满桌的书籍和资料，犹如一座座知识的宝库，让人心生敬仰。

这些勤奋的身影，让我想起了我的那位小学同学。他如今在大城市里拿着高薪，家庭幸福美满，这一切并非偶然。他那些深夜灯火下的努力，那些通宵达旦的奋斗，都是他走向成功的阶梯。原来，每份付出都有回报。尤其是在读书这条道路上，这是一场公平竞争，是你实现梦想的机会。

那些自习室里的学子们，他们在为自己的梦想努力，他们在追求知识的道路上不断前行，他们的生活充满了希望和活力。那满桌的书籍，既像一座座山峰，又是知识的海洋，是通往成功的

桥梁。深夜的灯火像一颗闪耀的星星，照亮了学子前行的道路，指引着他们走向更美好的未来。

◈ 南大网红书局——犹如诗中的仙境，宁静而致远

有的学生对喧嚣有些敏感，于是他们选择在南大的网红书局学习，那里是一片知识的净土，是他们静心研读的殿堂。那里的环境、氛围，犹如诗中的仙境，宁静而致远。

在那里，没有闲言碎语的打扰，看不到浮躁的痕迹，只有专注和静谧，仿佛时间都放慢了脚步。这里就像是一个隐秘的知识宇宙，每个人都在默默地耕耘，只为了心中的理想。

学累了，抬头望望周围，那些堆叠的书籍似乎在向你招手。随意抽出一本，或许就是那最近畅销的珍品，翻开它就像打开了新世界的大门。

这个网红书局不仅仅是学习的地方，更是心灵的归宿。它就像是一个知识的灯塔，照亮我们前行的道路。那里有着浓厚的文化气息和安静的环境，让每一个来到这里的人都能找到属于自己的一片天地。

◈ 南大星巴克——他们一学习就是一整天

大学里的星巴克，是我眼里的另一片星辰。所以，我怀着激动的心情，踏进了星巴克。

起初我以为这里会是休闲场所，我想象着大家围坐在一起，品茗论道，谈笑风生。可能是一些游客在里面聊聊天，或者上班族在谈事情。然而，我几乎没看到这样的场景。我所看到的是南大的学生们。他们随便点一杯咖啡，在那里安安静静地学习。

　　他们一学习就是一整天！仿佛知识的海洋，就在他们的眼前翻涌，在他们的心间涌动。他们沉浸在书香的世界里，忘却了时间的流逝。他们用一杯咖啡的时间，换取了一整天的思考和探索。这就是南大的学生们，他们用自己的方式，诠释了学习的魅力。

余老师感悟与寄语 ⫻

◎ 在这纷扰的尘世，有人问，书海茫茫，何用之有？勾股定理于市井，牛顿定律于职场，似乎皆成虚设。我也曾如此疑惑，书卷多情，却难解生活之苦。

◎ 岁月如梭，十年一梦，我走过了无数的春夏秋冬，在生活的风雨中，我终于领悟，读书的真谛，不在于知识的堆砌，而在于思想的升华，在于心灵的启迪。

◎ 28 岁那年，命运的风暴来袭，我站在人生的十字路口，是书中的智慧，是那些励志的诗句，给了我力量，它们如同灯塔，照亮我前行的道路，让我在困境中不失方向。

◎ 书籍是心灵的导师，让我们在迷茫中找到答案，在每一次的挑战中，我们学会了思考，学会了坚忍。不是为了应付考试，而是为了生命的丰富，在知识的海洋里，我们找到了自我，我们成就了未来。

◎ 读书，让我们在生活的波涛中，学会乘风破浪，让我们在思想的田野上，播种希望，收获智慧。这是一场心灵的旅行，一次灵魂的洗礼，在书的世界里，我们找到了力量，我们学会了生活。

找到自己便找到了方向
—— 南大学子采访记

姓名：陈宣融
就读院系：社会学院

　　我认为我和大多数人都是很像的，没有超出常人的能力与智慧，也没有早于众人的远见。但是我们都会找到属于自己的路，我们在迷茫的时候不断发现自我，不断前进。我庆幸的是，在找到属于我的路之前，我在身边人包括家长、老师的鼓励以及我自己的坚持下一直前进着，最终才能够踏上这条路。

　　小学与初中我都在离家近的学校上学，并没有对学校的选择过多在意，也就是说当时还没有意识到优质教育资源的重要性。在小学与初中，我虽然贪玩、迷茫，但是在家长与老师的督促下能一直按时完成作业，课上认真听课，因此能保持不错的名次。初中时我已经表现得有些偏科了，虽然数学等理科能轻松取得不错的成绩，但语文、历史等文科对我来说是突破不了的瓶颈，而且因为我的胆怯，没有找老师交流，学科上的问题也没有完全解决。

　　这个阶段对我来说是非常重要的一个转折点。我开始思考自

161

👉 宣融同学之所以数学能取得不错的成绩，其实离不开与老师的交流；而文科成绩一直上不去，也是因为不敢与老师探讨、交流。所以从这个细节不难看出，想要提升某个科目的成绩，我们碰到任何不懂的问题就需要多交流、多探讨，如果你没胆子问老师，那就问班里成绩好的同学，如果问了同学还是没搞明白，就再鼓起勇气去问老师。当天的问题尽量当天搞明白，不然拖得越久积累的问题就越多，这样就很容易导致偏科。

己的人生目标和价值，并努力寻找自己的方向。在这个过程中，我遇到了很多挑战和困难。例如，我曾经因为考试成绩不理想而感到沮丧和失落，但是我没有放弃，而是更加努力地学习，寻找解决问题的方法。我也开始意识到自己的优点和不足之处，并努力改进自己。我的语文、历史、政治怎么背、怎么学似乎都考不了高分，甚至成绩经常垫底，但是我知道人生就像爬山，爬山的过程不会是一帆风顺的。山路上的荆棘、狂风就是人生道路上的挫折，山顶无限的风光，就是战胜种种挫折后的成功。

古往今来，皆是如此。面对挫折，陆游萌发了"山重水复疑无路，柳暗花明又一村"的信心；面对挫折，李白发出了"长风破浪会有时，直挂云帆济沧海"的豪言壮语；面对挫折，苏轼流露出了"持节云中，何日遣冯唐"的期待。我很感谢自己在面对这些挫折时表现出的积极、乐观，我喜欢挑战，因为完成的挑战难度越大，我自己的能力、认知提升越多。

中考发挥得较为正常，刚刚达到南京市金陵中学的分数线。在高中招生开放日的那两天，我们参观了南京师范大学附属中学、金陵中学、南京市第二十九中三所中学。当时第二十九中是迅速崛起的一匹黑马，以优良的学习氛围吸引想要获得高分的学生与家长，因此我与父母也在纠结是否要选择它。

坐落在新街口中央的金陵中学在南京大学鼓楼校区的对面，是新街口繁华商业区中的两小片绿荫。梧桐树引领我们进校门，面对刻着建校时间"1888"的石头，旁边是富有古韵的钟楼、幽深的紫藤长廊。金陵中学的老师介绍道，金陵中学有非常久远的历史，创建于 1888 年（清光绪十四年），当时为汇文书院，是美国基督教美以美会在华创建的教会学校，1910 年（清宣统二年）与宏育书院合并为金陵大学，改中学堂为附属中学，简称金大附中、金陵中学。1937 年抗日战争爆发，部分教员西迁四川办学，学校分设宁蜀两地。1988 年，改名为南京市金陵中学。我与父母不约而同地喜欢上了这里，选择了这里。

填写意向表时，父母问我："你想好选择哪里了吗？"我回想起参观的学校的风格与氛围，确定地点头。我认为这个选择是我与父母审视自己的结果，我们下意识审视了自己是什么样的人、喜欢什么样的事物，做出了遵从内心的选择。就像是冰山隐匿在水面下的部分，被我们逐渐发现。在今后的高中三年，我们很少后悔这一选择，因为是从心而择。

刚入高中，大家都是从南京市各地汇聚来的人才，竞争力一下子变大让我变得很自卑，包括对自己的成绩、能力的怀疑。因为刚刚够上分数线，我只能分在较差的班级里，师资水平也较普通。但是我并没有自暴自弃，我决定把更多的注意力放到自己身上，

> 👉 在读书时代，我们是会把过多得精力放在他人身上，比如同学怎么看待自己，老师怎么看自己，父母怎么看待自己，以及自己的相貌、成绩，这些都在无形中，给自己增加了不少压力，太在意别人的看法，从而忘记了关注自己。

减少对别人的关注后，与别人的比较也减少了，给自己增加的不必要的压力也减少了许多。高一我的成绩从年级排名二百多名上升年级排名三十几名，我努力不让"瘸腿"学科拖后腿，并尽量在优势学科上发挥我的长处。

给自己足够的注意力，给自己足够的欣赏，别人怎么看你不重要，因为你无法去改变别人对你的看法，但你怎么看自己很重要。把更多的精力与时间放在打造自己身上，你会发现一个更优秀的你。

我清晰地记得高一暑假的第一天，高中好朋友带着我进入了南京大学鼓楼校区。对于整日埋头于书本的高中生，大学里的一切都是有趣的、令人憧憬的。拿着书、小吃的学长学姐意气风发地经过我们身边，还有骑车的、滑滑板的，他们显得非常自由。

我们了解到南京大学的校训是"诚朴雄伟，励学敦行"。"诚朴雄伟"原是国立中央大学时期的校训，"励学敦行"是从中国古代前贤名句中选取而来。"励学"二字在古文中常有出现，宋真宗写过一首名为《励学篇》的诗，劝勉人勤奋学习。"敦行"见于《礼记·曲礼上》："博闻强识而让，敦善行而不怠，谓之君子。"

梧桐树带领着我们，穿过食堂、宿舍楼、教学楼来到北校区教学楼前。我怎么也不会想到几年后的自己会在这里学习和考试。当时的我们进入教学楼，便被安静的氛围感染了，大气不敢出。我们蹑手蹑脚地穿过教室，在门口张望着，每间教室都有学长学姐在认真地自习。不知是不是被这样的氛围感染了，我向朋友提议道："等会儿我们逛完后来自习吧。"朋友欣然答应。我们又参观了

👉 如果有机会去附近的名校自习下，我觉得是非常棒的体验。我见过太多的游客只是去校门口拍了照，或者走马观花地转了转，这样其实感受不到名校真正的魅力。名校之所以为名校，不是说它的校门多豪华，建筑多漂亮，而是里面有着一群非常优秀、格外努力的学生。所以坐下来静静地看一天书，你会发现你的效率非常高，因为你身边的是在认真学习的学生，你想玩手机都不好意思。

北校区的宿舍楼和操场，几年前操场上就有许多人跑步、散步，如今再去还是一样的场景。接着我们就回教学楼找了一间空教室开始写高中作业。

人是环境的产物。多在这样的氛围中写作业，时间长了，你会突然发现你也成了他们。

虽然这样的行为有种小孩装大人的幼稚感，但我相信，在这样的学习氛围里，谁都想打开未完成的任务，沉浸、专注、平静地完成它们。我们很快就写完了一项作业，这时从窗户向外看去，除了覆盖着爬山虎的屋顶瓦檐，后面还有一轮明月，远处高楼大厦闪着五光十色的灯光。

走过百余年岁月的南大，总有一种静谧和古朴的气质。与金陵中学很像的是，明明身处闹市，但鼓楼校区周遭的一草一木都透着悠长静谧的气息，那种静谧仿佛都能从砖瓦的缝隙中溢出来。在时光中，面对世间的变化万千泰然处之。静谧和古朴，还不是南大气质的全部。古老而又充满活力的学府不仅承载着厚重的历史和文化，更是无数青年学子追求梦想、实现价值的摇篮。

那会儿电视剧《小欢喜》正热播，女主角也很巧地想读南京大学天文系，她妈妈问过她："你为什么非要上那个南大啊？"经过一次参观，我也被南大的氛围感染了，暗暗将南大定为自己的目标。我一直很感谢朋友在高一的暑假带我参观一次南京大学，感受一次名校的氛围，我突然意识到学习氛围、教育资源的重要性。在没有目标的时候，人行动的动力依赖于外部的刺激，但一旦有了内心的目标，有了内在动力，就会前进得更快。此外，我也发现南京大学与金陵中学的风格都是在繁华中坚守着一片绿地，具有深远的文化底蕴，我想，可能以后我想成为这种风格的人吧。

👉通过参观名校树立自己的目标，是非常好的找到梦想的方法。我带过太多的学生去参观名校，有因为食堂饭菜好吃想要考清华的，有因为浙大帅哥多想要考浙大的，有因为北大氛围好想要去北大的，不管你是何种原因想要去名校，都不重要，重要的是你从此刻起有了人生目标。一旦你有了目标，就会产生很强的动力，你的学习将不会枯燥乏味，反而会让你觉得充满挑战性，从而驱使你更加努力地学习。

高二分班进入新环境又绊住了我，我一旦进入新环境就需要适应很久，但是有了之前的经验和对自己的了解，我并不因为自己需要长时间适应而气馁，我知道山有了悬崖峭壁才更险峻；海有了惊涛骇浪才更深邃；天空有了风雨雷电才更壮阔；人生有了挫折才更完美。因为一帆风顺的人生是了无生趣的，有了挫折这一"调味剂"，我们的人生才会有跌宕起伏的壮美。我知道自己可以在适应以后做得更好，现在我只需要一步步踏实地学习。

我知道文科是自己的弱势学科，因此在背诵、作文、阅读上我都付出了很多时间。上学的时候，父亲开车送我到学校有半小时到四十分钟的车程，我会在路上听广播或者背书、背单词。起初，我害怕在校园里拿着单词书，觉得会被人嘲笑，但是后来我发现没有那么多人关注你，当你下定决心完成一件事后，这些都不是阻挡你的理由。反而发现越来越多的人会在吃饭排队时拿起单词书背诵，形成了良性竞争的氛围。每天在回家的车上，以及回家后，我都会看一会儿书，从看老师推荐的书籍到自己去图书馆借阅书籍，我看的书越来越多了。在作文上，我从范文入手，分析自己的文章与范文的差距，学习范文的写作方式。终于在模拟联合考试的时候，我的作文被作为范文

☞ 宣融同学分配给了弱势学科更多的精力和时间，而且充分利用了车上的碎片化时间进行记忆和巩固，还在吃饭排队时争分夺秒地学习，于是她在不知不觉中提升了成绩。这是一个非常好的方法，假设一天吃饭排队加上学放学来回车程30分钟，就能背熟悉5个单词，一个月30天，能记下150个单词，10个月就能记下1500个单词，这就是厚积薄发，日积月累。

在年级里传阅。

虽然成绩有了明显的提高，排名高三时稳定在年级前五十，但第二次模拟考时，我与一位很好的朋友关系闹僵了，一下子掉了几百名。那会儿我一边难受得吃不下饭、看不下去书，一边又因为学不进去而焦虑，怕成绩继续往下掉。

有一天回家的路上，经过南大，我想可能我需要冷静一下，于是又走到了学校旁边，想起高一暑假在教学楼自习的场景，想起我的目标，想到了我想成为的人。把情绪整理好，朋友的事情暂时放到一边后，我继续用之前的方法学习，效率逐渐变高，回到了之前的水平，在后来的高考中，我发挥得很不错，我也因此如愿以偿来到了南京大学社会科学试验班。

来到南京大学以后，我有机会学习各种课程，在学习专业课的基础上跨选理科课程，也可以接触到老师和优秀的同学并与之交流；我有机会跨学科选到生命科学学院野外实习的暑期课程，暑假前往安徽进行动植物、生态学学习；我有机会和同学一起参与创新创业活动，到苏州深入了解生态学应用以及莼菜的培育；我可以深入发展我的兴趣爱好，加入过职业发展协会、汉服社、舞蹈社，并在晚会表演自己的一技之长；我还有机会参加各种活动，我可以和同校的高中同学一起回母校参加

☞所有学习上的付出，一定是值得的，而且回报是加倍的。只有在南京大学这么好的名校，宣融同学才有机会学习这么多课程，参加这么多活动，既锻炼了自己的能力，又丰富了自己的生活，打开了自己的眼界。

招生宣传，我可以发挥我的学科优势在残障人士志愿服务中获奖……

在参与这些活动之前，在进入南大之前，在认识之前，我完全没有想过自己有朝一日也会获得这么多机会，完成这么多"已经做过的事"。有的时候我们会懈怠、疲倦，感到毫无动力，这是非常正常的，因为我们是人，在休息好的基础上我们可以问问自己的内心，你究竟想成为什么样的人？你喜欢什么？

如果现在的你没有答案，也许只是还没有找到答案，像我也是偶然进入了南大才埋下了一颗理想的种子。所以在迷茫、不知所措、急躁的时候，不妨多走走多看看，感受一些不一样的氛围，给自己注入一些内源性的动力，我想这一定对你追寻理想与热爱大有裨益。当我们还没做的时候，先别着急告诉自己"我做不到，直接放弃吧"，这是一种对自己的消极暗示，其实你误会自己的能力了，告诉自己"你可以做到"，踏实地学习，勇敢地尝试吧！

學大漢

　　武汉大学溯源于1893年清末湖广总督张之洞奏请清政府创办的自强学堂，历经传承演变，1928年定名为国立武汉大学，是近代中国第一批国立大学。武汉大学环绕东湖水，坐拥珞珈山，校园环境优美，风景如画，被誉为"中国最美丽的大学"。

学校简称： 武大

建校时间： 1893 年

校本部： 湖北省武汉市武昌区八一路 299 号

学校类别： 综合类

办学层次： 位列国家"双一流"A 类 、"211 工程""985 工程"
建设高校

身临其境

『探』武大

武汉大学校训
自强、弘毅、求是、拓新

◈ 武大130周年校庆

—— 一场精神的盛宴，心灵的洗礼

去武汉大学的那天，运气仿佛格外眷顾我，恰逢武大庆典盛事，那是一个独特的交汇点，阴差阳错间，我竟然见证了武汉大学的辉煌一刻——武汉大学130周年校庆。

我本来不知道那几日恰是校庆的辉煌时刻，幸得昔日武大友人提醒，我才发现。校庆之于我，虽非热血沸腾，却也别具意义。因为我知道，这一天，会有一颗璀璨的星出现，那是武大的骄傲——雷军，这位我们平日难以触及的武大杰出校友。我期待着雷军的出现，期待着他在庆典上的演讲。我想看看他那自信的笑容，听听他那充满智慧的话语。因为我知道，那将是一场精神的盛宴，一次心灵的洗礼。我希望他能带给我们更多的启示和动力，让我们看到成功的可能，让我们感受到奋斗的力量。

清晨的曙光洒落，我迎着朝阳，踏上了那一天的参观武大之旅。那一天，是我们学校的校庆日，世界各地的校友齐聚一堂，熙熙攘攘，犹如一片繁花盛开的花海。而我也怀着无比激动的心情，一大早就赶到了学校。

那是我见过的最热闹的场景，那是我见过的最气势磅礴的场面。不仅仅是因为我看到了雷军本人，更是因为我看到了那么多同样优秀的校友企业家。他们的存在，仿佛是武大精神的一种体现，是武大骄傲的象征。雷军在校庆典礼上的演讲，让全场为之震撼。

雷军慷慨捐出的一亿三千万现金，更是如同一颗炸弹，瞬间点燃了全场的气氛，那一刻，我仿佛看到了武大精神的火焰在燃烧。那一刻，我无比羡慕那些名校，他们的校友是那么的出色，那么的慷慨。他们的一掷千金，不仅仅是对母校的热爱，更是对未来的期许。

这从侧面说明，名校更有机会孕育出顶尖的人才。我常常想，那些能够进入名校的人，他们的执行力，他们的吃苦能力，究竟有多么强大。他们比一般人强的地方，就在于他们的执行力。而这一点，恰恰是每一个创业者所必须具备的。在名校里，你会看到教学楼、图书馆、科技楼以个人名字命名，因为这些名字的背后，往往都代表着校友树立的精神丰碑以及慷慨捐赠。在普通的大学里，这样的场景却并不常见。

◇ 武大寝室
——竟然建在山上

武汉大学，那可是独具特色的呢。它的寝室，都建在山上，古色古香，宛如一幅画卷。瞧那造型，美得让人流连忘返，不愧成为众多游客慕名而来的网红打卡地。

当然了，武大还有那著名的樱花，有专属的樱花大道哦。我曾在网上欣赏过那盛开的樱花，每每我来的时候，已是秋季。

每次回寝室，我如攀登山峰，攀爬至半途，暂作休憩，再鼓起勇气继续前行。通往教学楼的蜿蜒小路，又似一条绵延的长龙，需要我一步步向上攀登。

每每此时，我常心生一念，倘若此楼有电梯，该是何等惬意。尽管归途或上课之路多有艰难，但站在高处，俯瞰校园，那美景如画，令人心旷神怡。若心情不畅，不妨上来走一走，听一首歌，吹一吹风，所有的烦恼都被抛诸脑后。

寝室楼不仅仅是休息的地方，更是心灵的避风港，一个可以让人暂时忘记烦恼、重新审视自己的地方。

◇◇ 武大校园——山，竟然被搬进了武大

武大还有一个特点，那便是校园真的超级大。山，竟然被搬

进了武大，上课、回寝、吃饭，总是要爬坡下坡，甚至有的体育课活动，也是跑山坡。说实话，那感觉真的太锻炼腿了。

◇ 武大鉴心湖——如诗如画，消烦静心

倘若你倦了，无妨，校门之外便是一片波澜壮阔的湖。于晴日里，其景美得如诗如画，足以令你陶醉。

你可在湖畔与挚友漫步，尤其在黄昏时分，那如画的景色更可为你排解诸多烦忧。湖面宛如明镜，映照着天空的色彩，时而碧蓝如玉，时而金辉满溢。

微风拂过，湖面泛起阵阵涟漪，仿佛在低语，讲述着生活的美好。

湖畔的柳树，轻轻摇曳，如诗人的笔触，为这画面增添了几分动人的诗意。

我们仿佛能触摸到天空的云彩，能闻到花儿的芬芳，能感受到大地的温暖。

那一刻，所有的烦恼都烟消云散，只剩下内心的宁静和喜悦。

◇ 武汉百年老树
——仿佛每一片叶子都在诉说着一段故事

因为是百年老校，校园里的树木都如同历史的见证者，岁月沉淀在其枝叶间留下了深深的痕迹。

在这里，你可以感受到时间的流转，仿佛每一片叶子都在诉说着一段故事。你更可以找到那份静谧与安宁。

每当夜幕降临，灯光下的

校园更显静谧，你可以坐在图书馆的窗边，手捧一本书，沉醉在知识的海洋。

这里不仅是学习的殿堂，更是心灵的港湾。你还可以与志同道合的朋友一起探索未知的领域，无论是研讨学术，还是聊聊生活，都可以在这里找到共鸣。

就像那古老的树木，经历了风雨沧桑，却依然屹立不倒，我们在百年老校的陪伴下，一起成长，一起奋斗。这样的学校，你怎能不爱呢？

◇◇ 武大教学楼——高大上得简直不像话

在这里，我忍不住要谈一谈，校友们的辉煌成就意味着什么。这意味着我们的学校可以更有底气地投入更多的资金，给学生们提供更优质的教学设施与良好的学习环境。我想你们可能万万想不到，下面这张图里只是一座教学楼的走廊。

它精心摆满了学习的位置，非常明亮又宽敞。这样的氛围也相当不错，每个座位上都有学生正在专心致志地学习。

学生们在走廊的某个座位上开始了学习旅程，他们中的任何一位都有可能成为未来某个领域的专家。那座教学楼本身就是许多成功故事的起点，它见证了一代又一代的学子们在这里启航，去追寻他们的梦想。

夜幕降临，十点钟的光景，我漫步至那古老的教学楼，只为寻找一丝净土。我原以为，深夜里学生们早已归寝，教室也早已

掩上了门扉。

然而，世事总是出人意料，我怎会想到，教室中仍有灯火，依旧有教师驻足。起初，我听到教室内的喧嚣，误以为他们正在争吵，然而我走进去才发现他们正专心致志地讨论题目，半个多小时过去，仿佛时间在此凝固。

直到阿姨开始清扫之际，他们方才离去。我以为的散场，竟是另一番景象，走廊上，教师与学生边走边谈，楼梯间，教室门口，讨论声阵阵。这一幕，让我既感动又震撼。我深知，大学之大，不在于高楼大厦，而在于那些求知若渴的学生和尽职尽责的教师。名校的魅力，源于优秀的学生与优秀的教师相遇。当优秀的学生遇到优秀的教师，如同星星之火可以燎原，造就名校无穷的魅力。

我目送他们离去的背影，自己也即将踏出这个教室的门，一个震撼的画面突然跃入眼帘。尽管教学楼的大门已经关闭，但门前草坪上依然有个学生盘腿坐在地上，挥舞着笔，认真地书写着。他的眼神，如同夜空中最亮的星，坚定而执着；他的动作，如同乐章中的高音，激昂而热烈；他的专注，就如同那山涧的清泉，

静静地流淌，不畏艰辛，只为那涌动的智慧之源。

那一刹那，我恍然大悟，他们之所以能踏入名校，并非偶然，而是必然。试想一下，有多少人能像这位草坪上的学生一样，无论环境如何变换，无论困难如何叠加，都能坚持在那知识的海洋中遨游？又有多少人能像他一样，无论风雨雷电，无论春夏秋冬，都能在学习的道路上坚定前行？你看那些成功的学子，他们并非天赋异禀，他们也曾在黑夜中迷茫，也曾跌倒在学习的路上。但是，他们选择了坚持，他们选择了努力，他们选择了付出。他们用汗水和智慧铺就了自己的成功之路，成了我们眼中的优秀学生。所以啊，朋友们，让我们向他们学习，让我们也成为一个对学习无比专注的人。因为只有这样，我们才能像他们一样，走出一条属于自己的成功之路。

◇ 武大公交车站——边等车边求知

漫步至校门口之际，我以为今日的名校之游任务已圆满结束，得以回酒店休息了。然而，世事往往出人意料，眼前又浮现一景，一位女生拿着一套试卷，边等车边求知。此情此景，犹如画中仙子落入凡间，翩然而至，嵌入我心底。我心中不禁为之一振，此乃我等应效仿之楷模也！再看夜深人静之时那灯火阑珊处，有的学生仍在书桌前挥毫泼墨，那是汗水的付出，是梦想的火种在燃烧。这就是我所见，我所感，我所敬佩的争分夺秒的学习精神。

那春风十里，不如书卷力；那万里无云，不如求知路。人生如此短暂，我们怎能浪费每一分每一秒？让我们一起，把握现在，珍惜未来，用我们的行动去诠释这争分夺秒的学习精神吧！

余老师感悟与寄语 ///

◎ 在人生的旅途中，或许名校的门槛高不可攀，但只要你怀揣梦想，坚持不懈，普通大学的门扉也会为你敞开。

◎ 不必急于求成，每个人的人生轨迹，如同星辰轨迹，各有其美。有人追求速成，有人享受慢炖，有人享受即食的便捷，你只需稳步前行，积累力量，等待时机，一飞冲天。

◎ 每个人的成长，如同四季更迭，各有其时，不必因一时的挫折而自怨自艾，不必因短暂的阴霾而放弃希望。生活的苦，是成长的必经之路，没有捷径可走。即使跌倒，也要勇敢站起，只要心中有光，成功就在前方。

◎ 人生是漫长的马拉松，让我们在奔跑中学会坚持，在每一次的挑战中，我们学会了坚忍，学会了不屈。不是为了终点的荣耀，而是为了沿途的风景，在知识的海洋里，我们找到了自己，我们成就了未来。

◎ 在名校的殿堂里，你会看到那些曾经的普通学子，他们如同凤凰涅槃，经过考研的洗礼，实现了逆袭。他们的故事，告诉我们，只要不放弃，梦想终将照进现实，在人生的这场马拉松中，每一步都算数，每一次努力都值得。

请在你人生的马拉松赛场上
自由地奔跑
——武大学子采访记

姓名：小优

就读院系：经济与管理学院

　　大家好，我是一名来自武大的大三学姐，如果你要我用一个词形容在武大的这三年，我会说："自由。"当然我说的自由不是那种终于没人管我了，我要通宵达旦怒玩手机的颓废的自由，而是站在这个给予了你多样选择的平台上，可以跟着自己的心去追寻自己的兴趣和价值的随心的自由。

　　众所周知，武大是一个开放包容的综合性院校，人文社科的丰富智慧和深厚底蕴给予了这里浪漫人文气息的底色，理工科的踏实严谨和精细钻研，在这片土地上点燃了科学理性的火花。得益于这样一个绚丽多彩和包容开放的舞台，无论你是想在人文学科问题上进行深入的探讨，还是对理工科领域的难题产生了研究的兴趣，抑或是想找寻在某一个兴趣点上志同道合的伙伴，你都有充分自由选择的空间。因为这种选择的自由，每个人都在自己感兴趣的领域闪闪发光，发挥着自己的光和热。我痴迷于这种自由，为此一路奔跑来到这里。

印象中第一次自己做出自由的选择，抉择自己命运的走向是初二升初三那年是否要转学。小学到初二我一直跟爸妈一起生活，在爸妈无微不至的照顾和时时刻刻的监督中安全平稳地学习和成长，上下学有爸爸风雨无阻的接送，衣食起居有妈妈细致入微的照顾，我只需全心全意顾好自己的学业，甚至因为家乡整体教育水平不高，我的学业压力并不大，完全不需要全心全意地学习就能轻轻松松名列前茅，这种学习环境虽然有利于我健康快乐成长和培养自信心，但缺少竞争和挑战也容易让我自以为是、沾沾自喜、停滞不前。爸爸敏锐地感知到省内教育水平的差异对我未来的学习和成长不利，提出要我转学到省会

👉 小优同学在家乡的时候学习压力不大，难逢对手，缺乏竞争，很难激发更大的学习动力。所以在学习上，进入一个竞争力强的圈子，也是一个激活自己学习动力的方法。这个就是和我们常说的"鲇鱼效应"，多去和成绩好的同学结伴，竞争，就自然会激发你的学习动力。

的名校参与中考竞争，以考上全省的四大名校之一，接受更好的教育，成长为更好的自己。在舒适熟悉优越感满满和挑战未知竞争激烈之间我毫不犹豫地选择了后者，决定跳出自己的舒适圈去迎接未知的挑战，于是我转学了这是我中考前最关键的一年。

远离庇护我的家乡和爸妈，来到陌生的城市和学校，身边是陌生的同学和老师，体验陌生的寄宿生活，除了学习外还需要自己洗衣服、晾衣服、添置生活用品、挤食堂、和室友朝夕相处，

种种陌生的变化给了我强烈的冲击。我害怕和身边的人交流，开始封闭自己，同时加大学习强度以跟上同学们超前的学习进度。尽管通过充实的学习缓解了情绪上的不适，但仍会在深夜突然默默流眼泪，在早上起床时被猛烈的悲伤裹挟，看似井然有序、稳中向好的学习生活实则暗藏着我波涛汹涌的悲伤和思念。但不适和悲伤随着燥热夏天的离去而慢慢消散，我开始适应新的学习生活节奏，结交新的朋友，建构新的世界观，山外有山、人外有人的广阔世界像一幅画卷在我面前徐徐展开。回顾往事，我很骄傲自己是一个适应能力和成长能力都极强的人，能够在高压环境和高速变化之下迅速成长，不仅短时间内补上了落后的功课，还摸索到适合自己的学习方法，学习成绩和学习能力都稳步提升，稳打稳扎，最终在激烈的中考中取得了不辜负自己的结果，进入了全省四大名校之一。

尽管取得了阶段性的胜利，但我深知我才刚刚踏上这条赛道，前面的努力只是为自己取得了入场券，道阻且长。虽说是条赛道，但它真正的意义不

小优同学离开舒适圈后，进入了全新的环境。但正因为新环境下的各种挑战，无意中激发了小优同学的适应能力、抗压能力、独立能力，又因为离开了父母，离开了家，就有更多的时间和专注力一心一意地投入到学习上，让其短时间内补上功课，也找到了属于自己的学习技巧，而这一切都是因为小优选择了挑战。也许，当初的小优不转学，可能上不了武汉大学，我们也可能看不到她这篇逆袭名校的故事。所以很多时候，大家不要惧怕挑战，只有不断地去挑战自己，才能激发自己的无限可能。

是和别人竞争，而是和自己竞争，和自己的短视、懦弱、懒惰竞争，探索属于自己的学习节奏和方法，不断超越自己，不断成长。

进入高中之后，一切也并不像大家想象的那样顺利，所谓"进入四大名校就等于半条腿踏入985"。这里聚集了所有优秀的同行者，我就像一滴水汇入大海，存在感近乎无，深刻地感受到自己的普通和渺小，感受到身边人的优秀和光彩，中考脱颖而出的自信在一次又一次的考试排名中被磨灭，九门课程的新知识向我涌来，我丝毫没有容纳它们的能力。这让我陷入了深深的自我怀疑，受力分析为什么这么抽象、数学题的逻辑为什么摸不着头脑、英语基础为什么和别人有这么大的差距、化学公式为什么这么难背……

我越来越难以招架这些挫败，开启自我保护模式，开始懈怠学习，这样好把自己的成绩退步和落后他人归结为我没有认真学，而不是能力不行，我的成绩也从刚开学时的年级一百多名掉到三百多名，甚至最差到过五百多名，不断波动。

懈怠且浑浑噩噩的高一就这样过去，接下来迎来了第二个重要的选择——分科。由于我们是第一届高考改革，选科有了更大的自主选择的空间，选物理还是历史呢？生物、地理、政治、化学选哪两门呢？这关系到大学专业的选择甚至以后职业的选择，我考虑了很久，最终选择了历史、生物、政治的组合，考虑到自己明显的文理偏科问题，这次的分科反而燃起了我的斗志，抛去我不擅长的物理、化学之后我是否有更强的竞争力。这一个小小的念头，实则是自我拯救的契机，自甘平凡和认输不是我的心之在选择文理科的时候，在我看来小优做了个非常明智的抉择，尽管理科的就业前景相对来说好点，但小优在高一成绩退步得太明显，理科上的劣势暴露无遗，如果这个时候再选理科，那无疑是选择了自己的短板，到最后越学越没信心，越学越差，甚至连普通大学都不一定考得上。所幸的是她选择了相对来说不头疼的科目，甩掉了自己最不擅长的物理化学，这让她有了喘气的机会，也有了上升的空间。所以在高一选科的时候，尽量选择自己所擅长的那个板块。

所向，我渴望更好的自己和不断的成长。进入新的班级，开启分科后新的学习后，我迅速调整自己的心态和学习节奏，每天争取第一个到教室早读，上课认真听课做笔记，课间除了休息外也会读读课外书、写写作业、整理整理笔记，晚自习结束后争取最后一个离开教室，延长学习时间，完成自己的学习任务。找到了适合自己的学习节奏后，收获和进步是显而易见的，稳打稳扎的学习永远不会辜负你，内心的充盈和满足感也逐渐替代了浮躁和焦虑，同时我逐渐释怀了我的确是一个平凡的普通人，平凡和普通并不是贬义词，反而是一种舒展和幸福。我普普通通地生活着、学习着、成长着，体会着平凡的幸福和满足感，何尝不是一种独属自己的舒适呢？同时我也不再把身边人当作竞争对手，而是意识到她们都是和自己一起成长的伙伴。我们在自己的赛道上各自成长着，又彼此陪伴着、扶持着，我会不吝啬地去夸赞他人的聪明和努力，不羞于去向他人询问和请教，也不厌其烦去帮助他人解答疑惑。在这样的班级氛围中，即使高二高三的学习强度大、压力大、时间紧张，我们依然携手共进、互相鼓劲、稳步向前，虽然也有苦苦啃不下的难题、上下波动的成绩和偶尔崩溃的大哭，但抹干眼泪、调整心态后又能继续奔跑，最终我跑向了武汉大学。

　　回看来时路，更觉不易与珍惜。感谢自己的勇敢、勤奋、坚持、成长，感谢自己一路对自由的向往和追求，最终把我带到了这里，触摸到了越来越多的自由，逐渐成为自己曾向往的模样。正如我所说的，武大给了我充分自由选择的空间，我能够自由选择加入感兴趣的社团、学生组织，结交志同道合的伙伴，参与和组织各种有意思、有意义的活动；我能够自由选择感兴趣的课程，在自己的专业课程之外借助这个平台学习到更多学科的知识，开拓自己的眼界；我能够在一步步深入地掌握了理论知识后尝试科研，探索未知的领域；我能够自由安排自己的课余时间，感受大自然的美轮美奂，感受每一阵风的吹拂、每一朵花的芳香、每一棵树的摇曳、每一片云的浮动、每一束光的跳跃，内心变得充盈而平静。武大并不是我奔向的终点，它是我在无数个成长岔路点做出的抉择之一。我喜欢这里，喜欢春天上学路上漫天盛开的浪漫樱花，沉浸在梦幻的樱花中，不辜负每一个春日；喜欢夏天的繁盛青葱，太阳照耀绿林，东升西落，活力满满；喜欢秋天的金桂飘香，幸福的气息包容在空气中，场场秋雨冲洗出校园里的片片金黄，银杏梧桐枫叶在珞珈山的画卷上点缀绚丽的色彩；喜欢冬日的大雪纷飞，在不常见雪的武汉每一片突如其来飘落的雪花都美得动人；喜欢包容开放的人文气息，你可以大胆发表自己的看法，也总能得到他人的回应，你能找到你的支持者，也能听到不同的声音，扩充局限的认知；喜欢科学理性的科研氛围，实验室里完备的设施给予每一个想法实证的平台。中国最美校园，最美的不只是珞珈山上盛开的樱花，还有温暖丰富的人文气息，还有处于最美年华的在珞珈山下奋斗的我们。

学弟学妹们，我想告诉你们，学习和成长的过程不是一帆风顺也不是一路坎坷，会有迷茫、有痛苦、有挣扎，也会有释怀、有努力、有坚定；学习和成长实则是观世界、观他人、观自己,在不断地和世界、他人、自己的对话中找到自己的答案。关于自由和幸福的答案，于我而言，这个答案不是去冲，去超越他人，去永不服输、勇攀高峰，而是去拥抱、去接受、去感受、去走在自己的路上、找到自己的节奏、稳打稳扎。也许你会因为他人的闪闪发光而否定自己，也许你会因为自己在某一方面、某一学科的落后而暗自神伤。也许你也有过自我放弃、躺平摆烂，也许你埋头苦干却因得不到想要的结果而迷茫沮丧，也许你因为

我也去过武汉大学许多次，不得不说校园环境是真的美如画，学校里有山，出校门就是很大的湖，依山傍湖，在如此美的校园里开启你的青春，这不就是我们每个人所期盼的吗？当你踏入这么美的校园，你真的会觉得所有的付出都是那么值得。每年樱花盛开的时候，你不再是那个跋山涉水前来拍照的游客，而是别人镜头里的那个闪闪发光的主角。

成绩优异、遥遥领先而沾沾自喜、自我满足。不论你正处于哪一个状态，都不要为此紧张，这些都是学习和成长过程中的关卡，有蹲下才有跳跃，有跌倒才有爬起。当然你只有意识到了自己的问题，才能找到解决问题的方法，而人生漫漫、学习之路漫漫，不要急于一时的成败。学习和成长的过程不是 50 米、100 米短跑，而是一场以生命为长度的马拉松长跑。找到适合自己的节奏，一步一步慢慢来，欣赏沿途的风景，感受每进一步的欢喜，享受当下的同时奔向你向往的远方！

　　👉我们的学习很多情况下并不会一帆风顺，你试想，十年寒窗苦读，如果真的一帆风顺，年年都是班级第一，是不是有一丝丝无聊，你都毫无感觉了。但真实情况往往都会跌宕起伏，有高光就有低谷。低谷的时候审视自己，相信自己，分析原因，找到方法，去勇敢地挑战，享受每次成绩进步一点点带给你的喜悦与激动。高光的时候，放低姿态，去照耀他人，去帮助那些还在慢慢爬出低谷的同伴，因为他们就是曾经的你。要拥有更好的自己，就要接受不如意的自己。不如意是暂时的，如意也不一定永久，人生就是由不如意和如意组成，你要做的是在任何状态下。放平心态，做好随时挑战自己的准备。勇于挑战的那个你，才是最闪亮的你。

中国科学技术大学于 1958 年 9 月在北京创建，郭沫若任首任校长。这是我党老一辈革命家和科学家为"两弹一星"事业而创办的红色大学，它的创办被称为"我国教育史和科学史上的一项重大事件"。建校后，中国科学院实施"全院办校、所系结合"的办学方针，高起点、宽口径培养新兴、边缘、交叉学科的尖端科技人才，汇集了严济慈、华罗庚、钱学森、赵忠尧、郭永怀、赵九章、贝时璋等一批著名科学家，建校第二年即被列为全国重点大学。1970 年初，学校迁至安徽省合肥市。

学校简称：中科大

建校时间：1958

校本部：合肥市包河区金寨路 96 号

学校类别：综合类

办学层次：位列国家"双一流"A 类 、"211 工程""985 工程"

建设高校

身临其境

『探』中科大

我在中国科大很想你

北 复兴路100号 南

中国科学技术大学校训

红专并进，理实交融

中科大校园——气质不凡

　　中科大，给我的印象便是它的气质。此校犹如一块镶嵌在学术界的不凡瑰宝，在我所游历的名校群中独领风骚，无与伦比的辉煌气派，让我震撼不已。

◇◇ 中科大图书馆——宛如矗立云端的高科技公司大楼

当我步入图书馆时，眼前豁然开朗，宛如步入一座矗立云端的公司大楼。

无论是我的小学还是高中，图书馆藏书量都无法与中科大的图书馆相提并论。

看到中科大的图书馆，我仿佛看到了知识的海洋在眼前翻涌，那是一个无尽的宝库，每一本书都像是海洋中的一颗明珠，闪闪发光。我宛如一个探险家，在这里寻找着未知的知识，探索着前人的智慧。

中科大的图书馆，它不仅是一座建筑，更是一个知识的殿堂，一个精神的寄托。它像一座山峰，傲然矗立在学术的群峰之中，独领风骚。它的存在，仿佛在告诉我：知识无边，探索无限。在书香中漫步，感受那独有的静谧与和谐。我在这里感受到了知识的力量，也感受到了大学的精神。这就是中科大，这就是我对它最深的印象。

总之，中科大的图书馆就像一座知识的城堡，深深地吸引着我。我期待在这里用我的笔触描绘出更多关于这个大学的生动画面和深刻感悟。

步入中科大图书馆，三层

楼高的落地玻璃窗如诗如画，光线通透明亮，犹如置身仙境。

窗外，绿色的树木摇曳生姿，令人心旷神怡。学累之时，不妨踱步至楼下，下一局围棋，与好友对弈，一局下来，胜败无妨，收获的是满心的宁静与智慧，让学习的压力如烟消散。这是对心灵的滋养。在这里，你会找到自己的节奏，找到那份属于知识的宁静与力量。

图书馆里的座位，宛如珍宝般存在着。这里的格调，实在是高雅非凡。在普通大学里，你可曾见过如此完备的设施？那灯光的设计犹如诗人的笔触，点亮了夜的深邃；座椅的配色恰似画家的调色盘，赋予了空间生动的色彩；空间的搭配恰到好处，仿佛是一首优美的乐章，让人沉醉。或许你不爱学习，但一坐到这里，那把让你心仪的椅子或许会让你爱上它。

想象一下，那把椅子犹如一个沉默的朋友，陪伴着你度过漫

长的时光；又如同一杯清茶，淡淡的味道能驱散你所有的疲惫。它的线条流畅，质感舒适，仿佛是一位温柔的母亲，轻轻抚慰你的心灵。那一刻时间仿佛凝固了，世界变得安静，只剩下你和椅子对话，仿佛进入一个神秘的世界，那里是知识和智慧的海洋。

所以，朋友们，当你走进图书馆时，不要只关注装饰，请留意那些默默陪伴你的椅子。它们或许不会说话，但它们会用无言的陪伴和无声的关爱，让你感受到学习的乐趣和知识的力量。

在未踏足名校之前，我怎会知晓静音仓的奥秘？寻常大学少见静音仓，邂逅名校之后，才惊觉世间的瑰丽，原来还有这般高科技的瑰宝。

网上查阅静音仓的价格，起步价五六千元，贵者逾万，不禁慨叹：读名校，真乃人生一大幸事。学校仿佛将你视若珍宝，呵护备至。那里书籍如海洋，任你遨游，朗读声回荡，如诗如画，如明灯，照亮你前行的路。疲惫时，不妨倚窗小憩，任午后的阳光洒满肩头。

让我们想象一下，当夜幕降临、月光洒在静音仓之上的时刻，整个世界都安静了，只有你和你的书，独享这个空间，共谱一曲知识的乐章。这不就是诗和远方的意境吗？这就是我们梦寐以求的名校生活，这就是我们奋斗的价值所在。

◇ 中科大教室——科技与温度的结合

踏入教室，我深感懊悔，当年为何未能倾尽全力，冲刺名校。真心与大家分享我的经历，我就读于一所师范院校，虽非顶尖，但也并不差。然而，记忆中教室的面积也就四十平方米，四五十位学子挤在其中，盛夏之际，犹如蒸笼。屋顶仅吊着三四个电扇，甚至偶有坏损，连空调的影子都难以寻觅。有的教室尚有一台空调相伴，制冷效果却很一般。

◇ 中科大体育馆——专业健身馆 / 游泳馆 / 舞蹈房

中科大体育馆堪称璀璨明珠，设施一应俱全，篮球馆如雄鹰展翅，羽毛球馆似轻盈蝴蝶，瑜伽馆宛若绵羊，舞蹈房如同仙子舞步，乒乓球馆犹如细腻瓷盘，台球室宛如静谧水潭……这些场

　　馆全都免费向师生开放，如同广阔的草原任人驰骋。在这里，你可以尽情挥洒汗水，无拘无束。

　　想起我自己的大学生活，羽毛球场地每小时 30 元的价位简直让我心疼，游泳馆每次 20 元的收费也让我难以承受。游泳池环境破旧，舞蹈房更是遥不可及，需要各种烦琐手续和审批才能使用，而且面积只有四五十平方米，小得可怜。

　　然而在这里，中科大的体育馆如同梦境般的存在。

　　舞蹈房十分宽敞，还有那令人振奋的 LED 大屏幕和中央空调。音响音质美妙绝伦，如丝绸般顺滑，实木质感令人陶醉。那一瞬间，

我仿佛置身于天堂。看着学生们在这里尽情锻炼，我心中不禁生出羡慕之情。设施如此完善，实在令人赞叹不已。

健身房的跑步机崭新如初，每一个器材都质感非凡，非低端货色可比。这里拥有专业健身房的配置，免费开放，只需你的一份毅力与汗水。

想想看，一年上千元的健身费用就这样省下了，而且，这健身房就在学校里，方便至极，运动氛围浓厚。运动设备一应俱全，全在一处。跑步、举重、瑜伽、攀岩……都可在这里进行。更妙的是，还有一个宽广的大操场在室外，走出校门就是。若是让我来形容中科大的健身房，那可是名校里的明珠，场地之大，设施之全，足以傲视群雄。健身房的魅力，犹如诗中的世界，需要你去探索、去挑战、去超越。

在这里，你可以感受到汗水的洗礼，可以听到心跳的声音，可以看见自己的进步。无论你是健身新手，还是健身达人，这里都有你的舞台。

◇◇ 中科大操场——灯火通明

有一次，网传合肥停电了，但中科大却灯火通明。我一开始以为是网传之事没什么依据。后来却见操场上空四盏巨灯闪烁，耀眼夺目，不得不对中科大心生敬意。中科大者，实乃国人的瑰宝，学子心中的星辰大海。在这个学府里，学生皆如珍宝般被呵护，此乃中科大的独特魅力。中科大倾其所有，给予学生所需，实令我等羡慕不已。

在食堂点五荤两素，我以为价格会很昂贵，打饭阿姨却笑着说只需 15 块。那一刻，我恍然大悟：名校不仅食宿有补贴，更难得的是饭菜美味可口。我读大学的时候，靠点外卖度日。如今踏

入各大名校，才发现食堂的饭菜真是色香味俱全，每次都会纠结点哪个，因为每道菜都令人垂涎三尺。

◈ 中科大寝室楼——简直就是一幢幢高档小区

出了体育馆就是一幢幢的寝室楼，你会发现，越是好大学，寝室设施越是完备。比如硕士生、博士生寝室不是单人间就是二人间，还有独立卫浴，有的带客厅，客厅里安装了空调。

再看看其他同学是如何描述的呢？

有的说寝室就像小别墅，装饰得像公主房；

有的说寝室简直就是人间天堂，健身房、娱乐室、学习室一应俱全。

这可真是让人羡慕不已啊！

◇◇ 中科大咖啡馆——如诗如画，温馨撩人

在知识的海洋中遨游许久，我累了，便踏入中科大这片神秘的绿洲里一处备受追捧的咖啡天地。它宛如一幅画，隐匿在翠绿的树林之间，如此引人入胜。这里不仅有青春的身影，更有灵光乍现，连导师们也流连忘返。那光影交错的空间，犹如知识的殿堂，又如那探索的航船，带领我们驶向知识的海洋。许多学生在此一边品味咖啡，一边研读，仿佛找到了知识的宝藏。

室外，座椅摆放得错落有致，可以促膝谈心，也可以沐浴那春风般的智慧之光。每一次我踏入这里，都会捧一杯咖啡，戴上耳机，让轻音乐流淌，而我沉浸在书海之中。咖啡的香气与知识的气息交织，犹如春天的花与绿叶共舞。咖啡店就如同一部流动的史诗，每一个角落都充满了故事。

在这里，我找到了生活的诗意，也品尝到了知识的甜蜜。

在这里，我们不仅仅是消费者，更是知识的寻觅者、探索者。

我期待每一次的探索，就像期待每一次的春风拂面，期待每一次的知识沐浴。

余老师感悟与寄语 ///

◎ 在人生的旅途中，我们总是向往高处的风景，我们追求着更高的境界。一旦踏入名校的殿堂，你会发现，学习资源是如此丰富，生活如此便利。所以，在踏入大学的门槛之前，不妨多去那些梦寐以求的学府走走，再去那些熟悉的普通学校转转，感受不同的氛围。你会发现，学习不再是负担，而是通往梦想的阶梯，你的目标变得清晰，你的方向变得坚定。

◎ 人生是一座不断攀登的山峰，让我们在探索中找到自我，在每一次的努力中，需要学会坚持，学会追求。不为了短暂的荣耀，而是为了长远的梦想，在知识的海洋里，找到方向，铸就未来。

◎ 在大学之前，我只在网络上领略过清华、北大的风采，直到毕业后多年，才真正踏入那些从小向往的校园。我时常在想，如果我在青春的岁月里，就能感受到名校的气息，或许我的命运之轮，会在高中时期加速转动，驶向更加辉煌的未来。

◎ 在名校氛围的熏陶下，我们的心灵得以升华，在知识的殿堂中，我们的梦想得以绽放。让我们在青春的岁月里，勇敢地追求，不懈地努力，因为每一次的尝试，都是对未来的一次投资。

苔花如米小，也学牡丹开
——中科大学子采访记

姓名：陈昕琪

专业：计算机科学与技术

　　蝉鸣聒噪的盛夏，我踏进中科大的校园，徘徊在心中的不真实感，在拿到校园卡的那一刻，烟消云散。

　　我出生在一个很普通的家庭，爸妈开了一家裁缝店，做点小本生意，家里有一个大我十二岁的亲姐姐。父母靠着这门时间积累起来的手艺赚钱，生活虽然平淡，但也还算美满。我爸妈是带着"中国式家长"性质的，大概是因为两个人都不是读书人，所以他们很重视教育，希望我能通过读书有所作为。从小时候开始，我耳边便常伴随着"要好好学习""要创造奇迹"的话语。小时候觉得没什么，但是随着课业难度越来越大，那种难以言喻的无力感，会在听到爸妈的鼓励时，深深侵蚀我的内心。我的学习生涯，并没有热血动漫里主角短时间从垫底生变成好学生的桥段，而是一步一步成长，解开心结，学会与自己和解的过程。如果用一句话来形容我自己，我会脱口而出："苔花如米小，也学牡丹开。"现在，我把自己哭过笑过痛过累过的青春，讲给你听。

小学一年级时，家里正在经历拆迁，当时我在出租房旁边的小学上学。二年级时，我家搬到了远离市中心的郊区，我顺理成章地转学到了家旁边的小学，那所学校是"九年四段制"，所以我的小学和初中是在同一所学校上的。和我们家一样，还有很多经历拆迁的家庭也搬到了我们周边的小区。当时那所学校刚刚建成，甚至老师都还没有集齐就被迫开学，迎接学生。最开始，我所在的班级里只有14个人，学校里每个年级只有一个班，学生少得可怜，老师都是刚刚上岗的新老师。小学的时候没有把功课落下，每天回家也会独立完成作业，之后随便翻看一下明天的内容，然后去看电视或者下楼玩。爸妈平时比较忙，一直培养我自主安排学习时间的能力，平时只是询问考试结果，不会过多干涉我的学习过程。

小学马马虎虎地度过。初中时，学校里的学生仍然很少，只是每个年级变成了两个班。那时候，学校还没有知名度，生源非常不好，老师会格外重视学习好的同学，希望他们在中考的时候能考到好名次，给学校争光。小升初时，父母也有想过让我转到比较好的初中，因为担心我所在的初中师资力量不足。但是那时的我很内向，不想再去适应一个新环境，和小学的同学已经玩得很熟了，私心是不想去新初中的。爸妈害怕太远的学校上下学比较麻烦，同时也怕我不适应新环境，本着"在人少的学校老师可以把每个学生照顾到"的原则，我还是在原来的学校读了初中。妈妈仍旧不放心，让爸爸联系了同事，找了几个比较知名的补习班，让我周末去上课。所以课堂上的知识，我在补习班已经听过一遍了，而且可以额外接触到很多学校的考试题。我在初一、初二时就渐渐和班级里的人拉开差距了，虽然成绩有轻微波动，但总是能比第二名多考几十分。那时的我沾沾自喜，觉得自己非常厉害。

到了初三，开始进入总复习，枯燥无味的刷题占据大把时间，我原本引以为傲的与第二名的差距开始逐渐缩小，这让我开始感到害怕不安，同时我心里清楚，学校的批卷方式并不规范，许多不规范的步骤最后也得了分，这就造成了我分数的不准确。我这样自欺欺人到了初三下学期，学校换了校长和书记，他们很看好我，希望我可以在中考中获得好成绩，给学校添彩。我心知以自己的实力，可以考上市内最好的高中，但是想要进入重点班，却并不容易。

新来的书记原本在知名的初中工作，调来我们学校后，我成了他的重点关照对象。他会在考试后来询问我的状态，甚至在一次模考后带我去他原本的初中，让老师帮我提点试卷。那时年少气盛，把自己的成绩看得太重要，也许从一开始我给自己的定位就是错的，我并没有自己想象的那么强大，没有老师想象的那么厉害。初三最后一次模考，我考试失利，与第二名仅仅相差几分。那天出了成绩之后，书记来找我谈话，我终究是没忍住，泪水大颗滴下。那场谈话的内容我忘记了，只是记得当时自己太要强，心里充满了不甘、委屈。

中考结束，我终究没有考进重点班，只差了1.5分。当时的我可能觉得很可惜，但是现在看来，我并不觉得那是遗憾。相反，在普通班度过的半年，反而给了我轻松的学习氛围，让内向的我可以融入班级，开始学会打开心扉主动结交朋友。大概是中考给了我一点打击，高一上学期我学得很努力，四次考试都保持在班级第一，半年后选科分班时按照排名，垫底进入了物化生重点班。现在看来，整个高中生活中，大概只有那半年过得轻松自在，像公园里晒了很久阳光的座椅，坐上去暖洋洋的，格外舒服。

寒假的时候，我们在家上网课，等待开学的消息。人都是有惰性的，那时的我在家里浑浑噩噩地挂着网课，学习也比较摆烂。等到学校终于通知可以开学了并且开学就要考试时才慌张起来，疯狂地补习自己落下的知识。所幸网课听了一些，作业磕磕绊绊完成了，开学考试的名次虽然仍是班级倒数，但也不至于太凄惨。

物化生重点班有两个，是平行教学。每学期期末，都会重新计算排名，并进行微调，保证重点班的同学永远是物化生的前80名。"适者生存，不适者淘汰"，很残酷却很真实。经历了一次迷迷糊糊的开学考试，我便正式开始了在好学生云集的重点班的日子。

重点班的讲课速度比较快，一些很基础的题目不会重复讲解，我虽然勉强能跟上，但是内心时常充满压力，担心自己掉出重点班，担心自己学不会、跟不上。高一下学期我将重点集中在自己平时不敢碰的难题上，不再重复刷自己已经会的简单题，最后成绩还是前进了一点点。

高二的时候，我开始迷恋动漫和小说，经常晚自习回家后看动漫和小说看到凌晨，第二天在课堂上犯困打瞌睡。我高二的班主任是一个很严肃的化学老师。我比较怕他，每次早自习犯困就会被他敲桌子喊醒。有一次上课时，我想要把保温杯里的水拧开晾凉，保温杯发出"吱呀"一声，他听到了，认为我没有认真听课，便叫我起来回答问题，我没有答上来，他就叫了另一个同学回答。然后他有些凶地对我说了一句："这都不会。"我至今仍记得那个问题，对重点班的学生来说确实很简单——"六大强酸是什么？"可是我当时就是没有回答出来。"这都不会"四个字刺疼了我的内心，现在想来仍是难过的。老实讲，在重点班的时候，我有些自卑，尽管当时我已经能排到班级中游，不会面临被末位淘汰的威胁。

当时传出消息，说会在高三的时候将两个平行的重点班拆成AB班。而按照排名，我只要前进十几名就可以冲进A班，也就是火箭班了。爸爸妈妈经常鼓励我，希望我能考进火箭班。但他们殷切的语气却像一块块石头，压得我喘不过气来。他们是否想过，我还有没有力气向上爬呢？向上看，有比我更聪明的，也有比我更努力的，那我该怎么办呢？

青春总是伴随着迷茫与焦躁，高二的日子飞一般过去，最后一次考试时，我数学考试失利，原本150分满分的卷子，只考了80分。老师帮我分析试卷，我答题时的浮躁全都体现在答题卡上，前面的题算得太着急，本来会算的题也算错了，后面不会的题也没做出来，浪费了大量时间。老师看出了我的心思，知道我是想冲刺火箭班，可是让成绩上升，谈何容易。那次考试过后，我崩溃大哭。冷静下来后，便决定潜心学习，不再钻牛角尖，关注排名是没有用的，不如多看看课本上的知识。

我不知道自己是什么时候开了窍，只是记得，当掌握了学习方法后，学习效率便高多了。我之前一直盲目做题，刷题，企图用题量来让自己熟悉知识。做的题多了，发现很多题的解题方法都有相似之处。我习惯把经典的题目记下来，久而久之，就有了一本属于自己的习题集。

👉 好的学习方法能让你的努力发挥出最大的价值。就像陈昕琪同学一样，整理了属于自己的习题集，以及专门记录好词好句的积累本，还会找题目知识点跟书上对照等，这样下来成绩就上去得比较快。所以在你不断地刷题的过程中，一边夯实基础，一边找出一套属于自己的学习方法来的尤为重要，或者去跟优秀的同学多交流，从他们那里借鉴更好的诀窍，也有利于自己成绩的提升。

语文和英语则是需要多积累，两科我各写了一个积累好词好句的小本子，把平时惊艳到自己的句子写上去，考试前翻一翻对于写作文很加分。至于化学、生物，知识点太碎，我高三那年是靠一边刷题一边积累把这两科的成绩提上去的。我把午休和晚自习前休息的琐碎时间利用起来，几乎每天各做一套卷子。写完后对答案，再把题目的知识点对照书上复习一遍，一遍遍重复下来，知识点也就记住了。

我总是用"迷迷糊糊"来形容我的高一高二，因为那个时候没有掌握学习方法，只知道浑浑噩噩地学。当掌握了学习方法，学习节奏逐渐变得适合自己，最重要的是放下心理负担后，不再想着火箭班离自己有多遥远，只是专注练习册上的题，我的成绩就在不知不觉间上升了。当我打算安心在 B 班当一个"鸡头"的时候，高三上学期最后一次模考我考得很好，计算完排名，我是全校第 29 名。意味着我可以进入火箭班了。

> 成绩下降的大部分原因跟自己的内耗有很大关系，都是自己给自己强加一些本可以没有的压力或者一些负担，一旦有了负担后前怕狼后怕虎，考试就会放不开来，一紧张就容易考砸，以及目标也不清晰了。所以，良好的心态至关重要。先调节心态，再调整方法，才能更高效地"作战"。

　　得知这个消息时，本该是开心的，可是我却犹豫了。在此之前，我进入全校前 30 的次数一只手都可以数得过来，我不知道自己能不能适应。火箭班名单里的学生，都是大家公认的神一般的存在，可是我只是一个从泥土里摸爬滚打爬出的小花，怎么和那些已经含苞待放的玫瑰相比？

　　大概是给自己的心理暗示太多了，我总是妄自菲薄，认为自己不属于那里。进入火箭班后的前几天，我每天盯着钟表，根本看不进题目，只是想着我想要回到 B 班，我想让这一切结束。直到班主任老师找我了解学习状况，她温和地询问我近况，温柔的语气却像一把利刃，突破我心里最后一道防线。我控制不住地向老师哭诉起来，老师轻轻抱着我，末了，等我冷静下来，拍拍我的肩膀，让我考过一次试之后再决定要不要回去。她说："老师不能现在就让你回去，因为你还没试过。等考完试，我们再决定，好不好？"我至今仍感谢那位老师，在我迷茫绝望时，给予我继续下去的希望。

我在火箭班的第一次考试，虽然没有大幅度进步，但至少比原来的名次上升了不少。我重整旗鼓，决定还是留在火箭班。我需要适应更快的学习节奏，学会做更难的题目。有些时候，上课会听不懂老师在讲什么，因为那些题目是我之前从没有见过也不会去研究的。伴随着高考的日子越来越近，我的成绩也起起伏伏。

👉陈昕琪同学很幸运地在迷惘的时候遇到了开导她的班主任。我相信她的这份幸运和她的努力是分不开的。努力学习不断超越自己，进入越来越好的学习环境和氛围中，遇见更好的自己。

没有人在面对决定自己命运的大事时会不紧张。每次模考之后，无论考得好坏，我都会在考试结束后向爸妈哭诉，他们看着从小哭到大的女儿也束手无策。想要考进一个好大学的想法，在我心里从来没有改变过，可是我太要强，太不服输，给自己的目标一次比一次难以到达，换来了一次次失望。到最后，还是爸妈先开口，对我说"考多少算多少"。是啊，考多少算多少，没必要给自己那么大的压力，只要尽力了，不是"最好"也值得。我总是固执且偏执地想要证明自己，可是最后又得

👉我高考三次，也是自己给了自己一堆压力，以为考不上好大学别人会看不起我，父母会很难过，我特意在意别人的看法和想法，所以特别要强。现在回想起来，真的太幼稚了，你考不考得上好大学，别人压根就不在乎。

到了什么呢？当我真正放下心理负担，不再看自己跳得多高，而是思考怎样发挥出自己的全部实力时，我知道这场与上天的赌注，是我赢了。

高考时，活跃在脑子里那些嘈杂声音在铃声响起后全部归于安静，我用心做着试卷上的题目，虽然我们那年的高考试卷很难，但是我心态放得很好，平时积累也够多，在考场上遇见难题时能及时调整状态，先把会做的题的分数拿到。考最后一科前，我看见太阳从教学楼边缘探出头，阳光洒在我身上，为校园里的一切轻描淡写地镀了一层金边。

我不由得停住脚步，在心里悄悄地给太阳许了个愿。

最后，高考成绩出来了，是我从未达到的分数——668 分！也不知道是不是最后和太阳许的愿起了作用，我从未想过自己会考到这么高的分数。填报志愿时，我终于有底气选择自己想要学习的专业，选择曾经不敢想象的名校。

家里的长辈经常说"上了大学就轻松了"，但事实并非如此。我目前是大二，已经度过大一的适应期，开始逐渐找到自己的方向。能够设计完成一些由理论到实践的简单程序，参加过校内的软件设计和机器人比赛，去云南进行过地震方面的考察，体验交叉学科的发展。好的大学确实可以给你提供更多好的资源，并且也更加重视对学生的培养。中科大很注重科学研究，所以课程中的理论课程偏多，且与其他同级的高等院校相比，课程会难很多，但这却是你未来进行学术研究或者参与工作的底气。此外，你可以享受到雄厚的师资力量，很多曾在科普视频、学术期刊上出现的

> 陈昕琪不仅在中科大享受到了顶尖的师资，而且还参加了稀缺的社团。不得不说，越是名校，社团种类越多越丰富，比如科学考察和探险协会这样的社团，在我自己的大学想都不敢想，没这样的实力也没这么多经费，甚至连个跑步社都没有。但在名校，只要你能想到的社团几乎都有。这个是我比较羡慕名校生的点之一。

名师教授，可能就是你某门课程的讲师，如果你对他的研究方向感兴趣，还可以申请进入他的实验室学习。同时，中科大也以保研和出国率高而闻名，学校里的研究生人数并不亚于本科生人数，学术氛围浓厚。与优秀的人交流，总是可以从他们身上发现闪光点，以此来提升自我。

进入大学，你还可以结交来自五湖四海的朋友，认识更多优秀的人。也可以参与多彩的社团活动和学术讲座，还有课外实践。大学就是一个小社会，如果你仍困自己于一方小小书桌，那你的生活注定枯燥无味。我进入大学后，发掘了跑步的爱好，也因此结识了一群志趣相投的朋友，加入跑步爱好者协会和科学考察与探险协会两个社团。在协会担任过宣传部部长、拉练副领等职务，现在正担任跑步爱好者协会会长。这些经历给予我的，是对独立策划能力的历练，还有领导力组织力的培养。虽然学习生活已经很累了，但是用空闲时间来做一些自己喜欢的事情，便觉得无比充实与满足。时间就像海绵里的水，只要你愿意挤，总会有的。参与一场校园跑步活动，随科考团队一起走遍万水千山，领略自然风光，一切烦恼都会烟消云散。校园里还会开展各种主题的学术讲座，我曾参与过中科大校友创建的"科大讯飞"产业的分享讲座，见识了人工智能的魅力，也接触了一些先进科技，拓宽了自己的视野。

我的青春伴随着高考落下帷幕，你们的青春正当时。我的高中校长曾用"过去不恋，当下不杂，未来不迎"来教导我们，这十二字箴言我受用至今。不计过往，不犹豫未来，只专注眼前事，真正理解这句话，并将这句话落实到行动中，会有意想不到的结果。正在看这篇文章的你，或许也曾满怀壮志，或许也曾被现实泼一盆冷水，但是无论过去怎样，未来如何，活在当下。不要给自己太大的心理负担，专注于手中的题目和知识点。无论学习什么，都需要学会适应，当你找到了适合自己的学习方法，安排好学习节奏，那么量变就会引起质变，成绩一定会有进步的。累了就给自己放松一下，对着镜子多笑一笑，只要是尽力过，就没有遗憾。

最后，衷心祝愿学弟学妹们都能冷静应对考试，获得满意的成绩！

无论结果如何，别忘了，活在当下，让自己开心！

浙

　　浙江大学是一所历史悠久、声誉卓著的高等学府，坐落于中国历史文化名城、风景旅游胜地杭州。浙江大学的前身求是书院创立于 1897 年，为中国人自己较早创办的新式高等学校之一。1928 年，定名国立浙江大学。抗战期间，浙大举校西迁，在贵州遵义、湄潭等地办学七年，1946 年秋回迁杭州。

学校简称：浙大

建校时间：1897 年

校本部：杭州市西湖区余杭塘路 866 号

学校类别：综合类

办学层次：位列国家"双一流"A 类、"211 工程""985 工程"
建设高校

身临其境

「探」浙大

院書是求

1897

浙江大学校训

求是创新

◈ 浙大——"游名校"征程开始的地方

2019 年，我首次踏入浙大校园。那时我对名校的了解尚浅，只以为这些名校的录取分数线犹如天堑，考上难于登天。这些名校的校园景色如诗如画。

和浙大的邂逅，带给我的冲击很大，也正因如此，我决定踏上名校行的征程，开始细心观察名校之间究竟有何不同，它们在哪些地方异于普通的大学。

那一次初遇浙大的经历，犹如晨曦中的一抹微光，深深地烙印在了我的心中。以至于这些年，我如痴如醉，参观浙大十几次，如同赴一场心灵的约会。

我见过浙大的清晨，那如诗如画的景色，仿佛一幅流动的水墨画，让人陶醉。晨曦微露，校园里弥漫着淡淡的花香，学子们三三两两地走进图书馆，那里是知识的殿堂，也是他们梦想的起点。

我听过浙大的夜曲，悠扬的旋律在校园上空飘荡，如同温柔的月光洒在每个角落。

夜深人静，图书馆的灯火依旧辉煌，学子们沉浸在书海中，那是他们的乐园，也是他们逐梦的舞台。每一次走进浙大，我都仿佛走进了一个全新的世界，有梦想、有激情、有智慧、有活力，浙大是我心中的顶级名校。

◈ 浙大风貌——腹有诗书气自华

那一日，我随意漫步在浙大的校园中，来到香气四溢的食堂，只用了一顿饭的时间，我便开始对名校心生敬仰。在那里，我无意中发现，浙大女生们没有化浓重的妆容，也没有华丽的衣裳，可以用"腹有诗书气自华"来形容，如同未加修饰的诗篇，真实而动人。

这个细节让我震惊不已，因为我曾就读于一所普通的师范本科，早已习惯于身边的女生们每日妆容精致。那些考入名校的女生将本用于打扮化妆的时间全部投入到学习之中，这让我由衷地感到敬佩。

◈ 浙大学生——"不凑热闹"专注于自己

在浙大校园的晨曦中，我见证了一场运动会的开幕。清晨八九点钟，我的手机电量告急，便踏入教学楼寻找充电宝。

我以为运动会这一天的浙大学子们会出去度假，教学楼里的自习室会无人问津。然而，眼前的景象令我瞠目结舌，走廊上，那些早起的学生们，正在孜孜不倦地学习。

我曾就读于普通本科，即使在不放假的时候，教室也鲜有这样的场景。而此刻我却看到了高三时才会出现的画面——一群同学聚集在一起，共同学习、讨论、交流。

我曾以为自己已经见识过人生的各种可能，但在这里，在浙大，我看到了自己的无知。我开始后悔，为何在高中阶段未能全力以赴，为何未能取得优异的成绩，进入这所名校，进入这个勤奋、优秀且自律的圈子。

◇ 浙大教学楼——浓厚的学习氛围

顶级名校的魅力，不仅在于令人眼前一亮的先进设施和优美环境，更在于浓厚的学习氛围。

我漫无目的地在浙大教学楼闲逛，惊异地发现，这里的学习气息太浓了，学生们学习的身影如同繁星般散落四处，构成了一道风景线。

有的学生干脆以站立的姿态投入学习，如同孤独的雕塑，坚定而专注。有的学生则在吃早餐与学习之间找到了平衡，一边咀嚼着早餐，一边翻阅着书本，生活与学习如此和谐地融合在一起。更有清晨楼下拿着书在晨读的学生，追寻知识的奥秘，踏踏实实地为未来付出。所以我蹑手蹑脚地走路，唯恐发出一丝声响，打破学习的宁静。

深夜十点钟，我漫步在浙大教学楼的走廊间，只见每一个角落都坐满了熠熠生辉的学生们，他们正全神贯注地攻克难题，专心致志地撰写论文，精心制作 PPT。他们的眼神中充满了坚定与执着，仿佛世界上只有探索知识的信念。有的同学正拿着笔在纸上飞快地演算，他的眼神里繁星点点，闪烁着智慧的光芒；那一位正在聆听网课讲解的同学，他的脸上洋溢着对知识的渴望。这就是顶级名校的魅力，它吸引着无数热血青年，让他们在这里燃烧自己的青春，追求梦想。这种氛围就像一股无形的力量，推动着他们不断前行，挑战自我，实现梦想。

　　普通大学的校园走廊只放置着寥寥数凳，而在浙江大学的校园里，常有多排座位的走廊。我眼前所见的，便是其中一座教学楼的一段走廊，仿佛一幅流动的画卷，书香四溢，学子们埋头苦读，他们的眼神中充满了坚定与执着，仿佛要将知识深深烙印在脑海中。

　　在这里，名校的魅力无须过多描绘，你只需静静走过，便能感受到那一处处弥漫着学习气息的地方。每一个角落，每一处空地，都有学子们专心致志的身影，仿佛他们在此，就是为了那一份对知识的热爱与追求。无论何时何地，你都能见到那些勤奋的学生们，他们或独自沉浸在书海，或三五成群，共同为小组展示做准备。那些在灯光下彻夜苦读的身影，那些为了学术竞赛而沉浸投入的灵魂，他们就是浙大精神的象征。

◇ 浙大食堂
——每一餐都是全新的体验

每当踏入浙大食堂，我便又一次由衷赞叹，分数高原来竟能带来如此的馥郁香甜。

这里的食堂灯光明亮，设施齐全，座椅舒适，让人有种被学校深深宠爱的感觉。这里的菜品既美味又实惠，真可谓是食堂中的一股清流。回忆起自己读本科时的食堂，再对比浙大的食堂后，我发现自己错了。浙大食堂，每一餐都是全新的体验，我总是尽情尝试，多点几道菜，多吃几口饭。

你会发现，在这所名校里，"吃"也可以是一种极致的享受。所以，你考多少分，可能会决定你在什么样的食堂里品味美食。厨师们精心烹制的美食，就如同大自然的恩赐，每一口都是一种艺术的绽放。菜品琳琅满目，丰富多样，既有传统的中华美食，也有世界各地的佳肴。在浙大食堂，你不仅能品尝到各地的美食，还能感受到浓厚的学术氛围，甚至还有学子在食堂背起了单词。

在浙大食堂里，你体验的一餐一饭，会成为你漫漫人生旅程中的一段美好记忆。

◇◇ 浙大剧院——近距离欣赏明星和大咖

在浙大剧院的一隅，我驻足，不禁为这所名校的文艺氛围所感染。我与浙大的学子们一同观赏完一部电影，那一刻，仿佛我们跨越了学校的界限，一同进入了光影构筑的世界，沉浸其中。银幕上的角色，如同璀璨的星辰，照亮了我们内心的宇宙。他们的喜怒哀乐，如同潮汐般涨落，牵动着我们的情感。电影结束后，就是观众向电影主角们提问的环节。

我有幸目睹朱一龙的风采，他挺拔如松，气质非凡。原本我也有机会见到思想深邃如海的余华老师，但可惜的是，余华老师因身体原因未能参加此次活动。

名校的魅力，不仅在于它向学子们提供了发展的可能性，更在于它为我们展示了人性的光辉与艺术的魅力，带我们进入那些平日里难以触及的精彩世界。在这里，我们有机会近距离地接触到各领域的大咖，感受他们的绝代风华，领略他们的非凡智慧。

◇◇ 浙大咖啡馆——综合素养的另一种展现

下面这张图拍摄于某天凌晨，浙大北门外那家咖啡馆内有一群挑灯夜读的浙大学子。他们的专注，犹如繁星点点，照亮了这个深夜的角落。

这一刻我们窥见了浙大学生们的高素质，他们为了不打扰其他室友的休息，选择在附近的咖啡馆里默默努力。

或许有人会问：这么晚了，寝室大楼都关门了，他们怎么回去呢？通过走访国内各大名校，我发现了一个秘密：深夜时分，名校的寝室大楼并不关门。

这就像那句古老的谚语所说，"勤奋者自有神明"，这句话在这里得到了生动的诠释。然而，普通大学的寝室，往往在十一点前就已锁门。

那么，名校的寝室大楼为何深夜不锁门呢？因为有很多勤奋的学生做实验会做到半夜。

而这些深夜在咖啡馆里学习的浙大学生们，如果学累了，就可以回到温馨的寝室小窝里好好睡上一觉，或者直接躺在咖啡馆的沙发上休息，只要点了咖啡或者饮料，老板也很乐意让他们学

到天亮。

咖啡馆里这幅生动的画卷可以让大家了解名校骄子们为求得辉煌成就背后那份真实的辛勤付出，领略到浙大人那种一心钻研难题的学子之风。

凌晨时分，他们未与友人共赴狂欢之夜，亦未与室友组队于游戏世界中驰骋。相反，他们选择了坚守，选择了学习，选择了挑战。

他们选择了在寂静的深夜中，与书本、与笔墨、与难题共舞。

这些学子能考进名校，也是因为他们知道，每一个艰难的挑战都是通往成功的阶梯，每一滴深夜的汗水都将化为明日的辉煌。

◇◇ 浙大精神——真正的强者，会利用环境

夜幕低垂，万籁俱寂，当时已经是晚上十一点半，而我拖着疲倦的身体想要寻找一片憩息之地。前方，一位学海中的勇士，仍在座位上孜孜不倦。

寻常之时，保安会在十一点左右清理教室。

勇士们并未因教室关闭而退缩，反而选择在走廊的空位上继续他们的学习之旅。

他们用行动告诉我：环境只是一种工具，真正的强者会利用环境，使之成为自己成功的助力，而非被环境所困。

每当我发布视频时，总能看到评论区里那些无奈的发言："我其实也有梦想，也想努力，但我们的宿舍楼十点半就关门了，压根没地方学习。"

然而，真的没有学习的净土吗？我想说，寝室那小小的空间，就是你的小型自习室。看看那些浙大的学生们，无论何时何地，他们总在寻找学习的机会。

可能是在图书馆，可能在教室，可能在走廊，他们用各种可能的方式，去寻找属于他们的学习净土。

这张图片，是我深夜在二楼拍摄的。当时一些学生们已经坐在位置上开始了他们的学习之旅。他们就像那些在深海中独自闪烁的星星，虽然环境艰苦，但他们的光芒却更加耀眼。

所以，朋友，别让寝室嘈杂成为你放弃学习的借口，你要以创造条件寻找学习净土作为追求知识的起点。

余老师感悟与寄语 ⫽

◎ 你不会一直是无名之辈。

◎ 你来到人间，不是为了到遍地奶与蜜的永无乡享乐，而要在泥与土里打滚历练，在人生的十字路口处做抉择。

◎ 名校梦就像是远处的一座灯塔，指引着我们不断前行，你会从一无所有的水手变成在大海中乘风破浪的船长。

◎ 名校梦的灯塔常亮，但远航之路迷雾重重，作为掌舵之人的你仍要有勇气、魄力和智慧乘风破浪。

◎ 当你心系寰宇，你才有考进名校的野心；当你心怀苍穹，你才能吸收逐梦之旅的精华。

◎ 你遇到的风浪和因此练就的本事是名校梦给你最大的馈赠。而考入名校，带给你的也不只是能力的提升和知识的更新，还有眼界的开阔与生命的丰富，这些将让你受益终生。

慢慢走，欣赏啊
——浙大学子采访记

姓名：徐而达
就读院系：教育学院

　　初高中的时候，我最大的困扰就是学习动力时有时无，常常是"看到别人努力了，担心自己被超过或被看不起"，自己努力一番，只是一种时效短的外在动力。在面临高考时，尤其感觉不能坚持下去，想着浙江省的考试题这么难，有些题目还这么奇怪，为什么没有人在毕业之后推动高考改革来救救我们呢？因此，初中的记事本上，我还写下了一句"希望有一天，我能找到自己的无穷动力之源"。如今回看，一语成谶。我的成长，一直在慢慢解决这个问题，只是当时的我并没有意识到罢了。

· 茧中的蝶

　　如果要用一句话来形容我的小学时光，我会说"我被保护得很好"。父母很少让我接触电子产品，也不怎么让我干一些力所能及的家务活儿，只是希望我专心学习。这当然是有利有弊的。一方面，这帮我避免了很多分心的事，我不会因为沉迷游戏、刷短视频而荒废学业；另一方面，由于不需要动用自律来抵制这些外在诱惑，也并没有认真思考过"我为什么要学习"。

这是一段学习意义迷茫期：我在为谁读书？

进入初中，我明显感觉到原本的学习习惯不适应新的环境。第一次月考成绩不错，让我觉得自己不需要多努力就能考得这么好，一定是天赋异禀，于是开始不好好听讲，成绩也大大下滑。对此，父母很着急，其实我的内心也很着急。科学老师的一句"我之前有个学生，刚进学校的时候考年级前十，后来出学校的时候只有170多名"在心中敲打着我，让我总是抬不起头来。我想要努力，于是开始刷题，却不愿意订正和纠错题；明明有很多不会的题，却羞于问老师或问同学。这种看似努力实则没有进步的日子，深深地打击着我的自信心。

一次课间，我感到无聊，于是翻起了小学班主任送的一本书，《你在为谁读书》。其实光看书名我并没有读它的欲望，可是没想到一打开就停不下来了，索性花了一整个晚自习把它看完。我愿将这本书称之为中文国度里的《苏菲的世界》。书中讲述一个少年不知

在这本书里，其实你会发现，不少同学跟徐同学一样，对于问问题有一种羞愧的态度，这就导致不会的题目越积累越多，尤其是理科，很容易越学到后面越跟不上，从而打击了个人自信心和学习兴趣。如果在读书期间必须要有一种勇气的话，那一定是敢于问问题的勇气，能把不懂的问题都问懂，本身就是一种很不错的学习方法。况且问问题不是让你上台表演，不需要当着那么多的人面展示才艺，它只需要你一对一地去问。

道学习的意义是什么，并且在初中时倍感迷茫，有一天他突然收到了神秘人的来信，在"你的理想是什么""碰到困难想要放弃怎么办""如何认识自己的潜能"等问题的一步步诱导之下，少年发生了蜕变。这本书让我心潮澎湃，以至于每每我不想学习的时候，就会把这本书翻出来看。我也慢慢意识到，自己"三天打鱼、两天晒网"的学习状态，很大程度上是因为没有找到学习的动力，所以做了一些"假努力"的工作，到头来只感动了自己。

不过，让我在初中实现逆袭的，还要属父母给我报的补习班。这个补习班教得确实很好，更重要的是，它给我提供了一种学习的外在动力——培训班的老师看到我是私立学校过来的，觉得我的成绩应该很好（当时进入私立学校是要考试的，竞争比较激烈），在讲题时总是会问我的意见，慢慢地，这种被相信的感觉也就激发我更加认真地对待学习。由于校外补习班会布置很多课后习题，我在课间会拿着做好的习题去问老师，坚持了一两个月常常跑去办公室后，我感到老师和同学们对我的看法都发生了改变，我也想要继续维持这样"努力且优秀"的形象，于是一跑就跑到了初三结束，也幸运地考了一个非常好的成绩，进入全区最优秀的高中。

👉 当你担心问老师问题会被老师看不起时，其实这种担心是多余的。没有一个老师会厌烦问问题的同学，反而给老师的印象就如同徐同学一样，努力，而且老师们也很乐意去帮助这样上进的学生。所以只要你试着踏出第一步，你会发现，老师会比你想象中更负责。

骄傲是我从小到大一直都有的缺点。刚进高中，我便重蹈了初中的覆辙，成绩一落千丈。不过，虽然有不喜欢干"正经事儿"、只喜欢看闲书的小爱好，我还是进入了文科重点班，继续靠着很高的语文成绩混日子。高二上学期结束，我们全员网课。第一场线上考试，给了我当头一棒，我的语文竟然考了年级四百多名！祸不单行，当时的学习搭子因为作文分数不高跟我抱怨，我默默地看了一眼她的分数，比我高 20 分。痛失特长之后，我终于下决心要好好努力。刚巧当时的好朋友建了一个学习打卡群，大家每天写完所有作业之后就会在群里发自己最喜欢的表情包来宣告一天任务的终结。于是，和朋友相互鼓励着，我算是没有因为无人监督而荒废学习，在网课期间实现了弯道超车。此外，由于高中需要写议论文，而我自认为逻辑思维十分缺乏，就去听了喜马拉雅 App 上的讲座，那个老师的博学、不在意世俗眼光的人生态度一度让我十分钦佩，虽然相隔千里，但我依然感觉自己交到了一位朋友，让我保持读书与探索世界真相的动力。

从小学到中学，我慢慢地开始探索学习的意义，为自己寻找持久的动力之源，但是无论是希望满足他人对自己的期待，还是希望能够跟上朋友们的步伐，它们一直都来自外部的动力，也因此不够持久。

· 找到学习意义：生命就是等待正确的行动时区

刚进浙大的新生，一定听过竺可桢校长的灵魂拷问："诸位在校，有两个问题应该自己问问，第一，到浙大来做什么？第二，将来毕业后做什么样的人？"

到浙大来做什么呢？刚开始的我其实并不知道。因为中学时大家认为只要"考上好大学"就可以了，可是考上了好大学之后呢？没人想过，也不必要想。因此，刚进浙大时，我一度感到十分不安。多种多样的课程和社团活动让我眼花缭乱，突然开始要为很多事情负责的感觉也压得我喘不过气来。在这个世界里，我失去了"在中学里只要学习"的那种如鱼得水的熟悉感，就好像一个原始人突然来到了信息社会，面对爆炸式的信息感到措手不及。好在，浙大提供了丰富的资源和平台，让我即使焦虑不堪也有事可做，能够慢慢摸索想要在浙大获得什么。辩论、英语角、读书会、音乐节、体育比赛……只要你想，这里便有实现的可能。

👉到了大学后，的确会很迷惘，我也迷惘过很久，而在这个迷惘的过程中，室友、同学的行为会深刻地影响你，如果他们都整天刷剧，打游戏或者谈恋爱，那你很可能被"同化"。幸好徐同学进入的是名校，就算被影响，也是浙大那种积极上进的氛围去影响她，以及通过各种平台的历练和各种活动的参与，不仅丰富了徐同学的青春，而且还可能找到一些志同道合的人，或者突然见清晰了自己的方向。

除了向外张望，在迷茫时期，向内审视也不可或缺。还记得大一时，我丢了蓝牙耳机。在新耳机到货前，没有音乐来填补自己一个人走路时的空白，我试着思考"我想要什么"而非"这个故事在讲什么？"给自己留出了一些完全放空、什么也不想的空间。我还开始尝试每天记录一些快乐的事情，刚开始一天可能只有一条，后来一天一页纸都写不完，在这个过程中，我慢慢感觉到自己的生活变得充实了起来。此外，当我对于很多事情不再执着，不再要求自己在一定时间段内看完很多本书，不再给自己定下超额的目标并且谴责自己时，我发现自己能够慢慢走出自我打击，慢慢认识自己的能力、兴趣、目标……不疾而速，大概说的就是这种感觉吧。

"将来毕业后做什么样的人？"则是一个更为宏大的话题。好在我的探索并不是孤身一人。同龄人的相互鼓励，学长学姐们的经验分享，老师们作为过来人的包容与谆谆教诲……受到这种真诚希望对方能变好的氛围的影响，我慢慢放下了凡事都喜欢和他人比较的情结，更加懂得了欣赏他人的长处。我从一个"人"变成了一个"社会中的人"，变成了一个更能共情且希望通过自己的努力能让社会变得更好的人。正如我很喜欢的一位老师所说："有时候我们并不比别人更应得某种幸运或苦难，所以当这些幸运或苦难以某种随机的形式掉落在个体身上时，应想到它是有某种群体化特征的。幸与不幸是社会的共同资产。所以不要轻易地把他人当作他者，而要当作同伴和同胞，善待每一个具体的同胞，是我们可以做的事情。"幸与不幸是我们的共同资产，所以珍爱今天的生活，大可不必借助于毁灭性的灾难，只要想到我们是同类，再远的哭声都与我有关，就足够了。

· 岂能尽如人意，但求无愧于心

不知道大家有没有过这样的时刻：渴望知道自己智商高于常人，但是又担心自己资质平平。或者，你是否暗地里有过"××

245

确实很聪明，只可惜不愿意好好学"之类的评价，认为它们似贬实褒呢？我是有的。因此，我会因为没有在 11 岁时收到魔法学校的录取通知书而难过，因为自己不好好学习一段时期后不能因为"聪明"而扶摇直上感到震惊。也正因如此，我一直不敢测智商，不敢接受那个"普普通通的我"。追求独特却不真正相信自己独特，不知道学习的意义为何，这就是我中学时的常态。然而，在慢慢长大的过程中，我逐渐认识到，"直到看见平凡，才是唯一的答案"。我接受了这样普通的自己，因为踏踏实实地做好了应做的事，反而感受到生活的充实与快乐。相反，如果你相信自己天赋异禀，很可能就没有探究学习的动力了（因为你认为不需要学习也可以凭着聪明轻而易举地优秀起来）。这就是塞翁失马、焉知非福吧。

　　正如徐同学所言，很大一部分同学在小学、初高中时代，其实不是很清晰自己的学习动力以及学习目标，哪怕想个半天，也不一定想得到自己的目标，这是因为每个人的经历不一样。有些人可能在初中就有着极其清晰明朗的目标，有些人可能到了大学还迷惘着，而有的人可能换了好几份工作才找到了自己的人生价值。但无论是哪种，我们都可以先放一放，先通过读书进入一个好的大学，与优秀的人为伍，至少这种积极的氛围能鞭策你成为一个更上进的人，然后让时间和经历去告诉你答案。

　　如果你还没有想清楚学习的动力，那么也没有关系，暂时把它们放一放，找到一个好的环境，和能与自己一起进步的人一起学习，给予自己一些正向的反馈，就算为了保持在他人心中的良好形象而继续努力。就如《哈利·波特》中写到的那样，"哈利以为是父亲救了自己，没想到是长大后的自己穿越时空回来救了自己"。过去、现在与未来，我们也许会面临很多焦虑、疑惑，但其实都不需要恐惧，只要顺其自然，终有一天它们会迎刃而解。

　　中山大学是伟大的民族英雄、伟大的爱国主义者、中国民主革命的伟大先驱孙中山先生于 1924 年亲手创办。中山大学起初校名为国立广东大学。孙中山先生逝世后，学校于 1926 年定名为国立中山大学。

学校简称：中大

建校时间：1924 年

校本部：广州市新港西路 135 号

学校类别：综合类

办学层次：位列国家"双一流"A 类 、"211 工程""985 工程"
建设高校

身临其境

『探』中大

中山大学校训

博学　审问　慎思　明辨　笃行

◈ 中山大学校园
——行走其间仿佛穿梭于历史与现代的交界

漫步在中山大学的校园中，我最是醉心于那一片片郁郁葱葱、生机勃勃的绿意，以及那些建筑中蕴含的深厚历史韵味。

校园内，古木参天，绿荫蔽日，大自然特意为学子们铺设了一条条清凉隧道，即便在炎炎夏日，也能感受到一丝丝凉爽与宁静。

那些历经风雨的老树，枝干粗壮，根系深扎，它们不仅仅是自然的馈赠，更是时间的见证者，让人在匆匆步履间，不由自主地放慢脚步，去感受那份历史的沉淀与自然的和谐共生。

行走其间，仿佛穿梭于历史与现代的交界，既能感受到历史的厚重，又能触摸到时代的脉搏。

中山大学的校园风景，不仅是一幅幅动人的画卷，更是一本本活生生的历史书，记录着过往，映照着现在，启迪着未来。

当这一页文字跃入你眼帘之际，想必暑期的悠长与新学期的晨曦已温柔交替，恰逢其时，中山大学正站在辉煌百年的历史节点上，蓄势待发迎接庆典的钟声。

我落笔此篇，正值2024年5月8日的静谧夜晚，距那决定命运的高考仅余约一月光阴，空气中弥漫着既紧张又充满希望的气氛。

在此提前寄语每一位即将踏上高考征途的勇士，愿你们以笔为剑，披荆斩棘，在考场上挥洒自如，收获超出预期的硕果，让梦想的名校大门因你们的努力而豁然洞开。

高考不仅仅是一场考试，它是青春的一次洗礼，是对自我极限的一次挑战，愿每位学子都能在这场较量中，绽放出最耀眼的光芒。

即将到来的11月12日，不仅是中山大学百年华诞的璀璨时刻，我更期待着，你能够成为那庆典中的一员，不仅作为庆祝者，更是以新生的身份与这所学府共享这世纪荣耀。

对于那些尚在高考征途之外默默耕耘的读者，如果中山大学是你心中那座遥不可及却又无比向往的灯塔，请将这份愿景深植心底，让它成为你前行路上不灭的光。

无论此刻你身处何时何地，怀抱对中山大学的憧憬，就请将这份梦想化作行动的力量，不懈努力，勇敢奋斗。

◇ 中山大学教室——学生们的秘密花园

我饱餐之后，发生了一个小插曲：手机电量告急，而食堂里却没有可供使用的充电宝，我顿时陷入了困境。

怀着一丝希望，我决定前往教学楼碰碰运气，看看是否能找到充电之处，尽管心里预设了假期期间教室可能关闭的场景。

然而，中山大学又一次给了我惊喜——教学楼的大门竟然敞开着，每一间教室都欢迎着求知的灵魂。

在许多其他高校，每逢假期，教室便成了紧闭的空壳，学生们若想在假期继续学习，图书馆几乎成了唯一的选择。

而在中山大学，不仅所有教室自由开放，供学生随时使用，更令人印象深刻的是，这里的教室仿佛成了学生们的秘密花园。

无论走进哪一间，都能看到学子们勤奋的身影，他们或是埋头于书海，或是沉浸在思考之中，

255

即便是孤身一人，也能够全神贯注，那种专注与自律，令人钦佩。

在这样的情境下，即使是假期，教室里也很有学习的氛围，有的同学独自占据一间教室，从晨光初照到夜幕低垂，以书为伴，以时间为友，间或播放一首轻柔的音乐，让学习的时光变得如此惬意而富有诗意。

这样的场景，对我来说，不仅仅是视觉上的触动，更是精神上的鼓舞，让人深切感受到，在中山大学，学习不仅是一种责任，更是一种享受，是对自我提升的不懈追求。

在这里，自律与充实并行不悖，成就了无数学子的梦想与未来。

◇ 中山大学图书馆——宛若古堡

首次踏入中山大学，我的目光即被一座宛若古堡的图书馆俘获。它巍然矗立，既绮丽非凡又气势恢宏，仿佛是知识海洋中的一座灯塔，引领着求知者的航向。

这座建筑不仅是砖石与智慧的结晶，更是梦想与经典的交汇点，美得令人窒息，气派得让人肃然起敬。

心中那份对未知世界的渴望，如同春日里破土而出的嫩芽，迫切地想要在这座知识的殿堂中探寻每一个角落的秘密。

幸运之神似乎特别眷顾我，恰逢图书馆门户大开之时来到此地，倘若错失几日，或许我便只能隔窗遥望，心中留下无尽的遗憾。

于是，带着几分冒失和满腔热情，我决定采取行动。

我鼓起勇气，采用了一种略显老套却屡试不爽的方法——向一位路过的学子求助，恳求他借我卡。

在一阵友好而略带羞涩的交流后，手中的卡片仿佛化作开启新世界大门的魔杖，轻轻一刷，门扉应声而开，我便踏上了这场心灵与智慧的探索之旅。

此情此景，不禁让我想起古人云："书山有路勤为径，学海无涯苦作舟。"

在这座知识的城堡中，每一步探索都是一次对心灵的洗礼，每一次翻阅都是与先贤智者跨越时空的对话。

当我踏入图书馆，我感到这不仅仅是物理空间上的进入，更是心灵层面的一次深刻启程，是对自我认知边界的勇敢拓展。

彼时，这座知识圣殿尚处于开馆初期，空气中弥漫着新鲜与期待的气息。

清洁工人正细致入微地拂去每一粒尘埃，书籍则如归巢的鸟儿，一本本被精心归置于书架之上，空气中弥漫着书香与消毒液的清新，一切都在静默中蓄势待发，准备迎接无数渴求知识的目光。

恰逢假日，馆内并未见惯常的熙攘，只有寥寥几人，如同隐士般沉浸在自己的学术世界里，这对我来说，无疑是一个难能可贵的机会。

我可以不受拘束地举起相机，记录下这份宁静与庄严，捕捉那些光影交错下的静谧瞬间，而无须担心打扰到任何一颗专注的心灵。

图书馆内的陈设透露出不凡的品位与底蕴。

桌面泛着温润的光泽，古朴而不失雅致，显然非一般材质所能及，它们更像是时间的见证者，默默诉说着历史与文化的积淀。

书桌上，无论是色彩斑斓的台灯，还是散发着温暖光芒的金色灯盏，都不仅仅是照明工具，更是艺术品，为这片学习的空间增添了几分温馨与格调，彰显了设计者的匠心独运与对学子们的细心关怀。

在我游历过的众多院校中，如此配置实属罕见。

虽然清华大学、浙江大学等顶尖学府的图书馆令人印象深刻，但论起细节处的周到与贴心，中山大学的图书馆亦毫不逊色。

每一盏台灯，都像是守护知识之光的小小灯塔，不仅照亮了学子的书页，更照亮了他们心中的梦想之路。

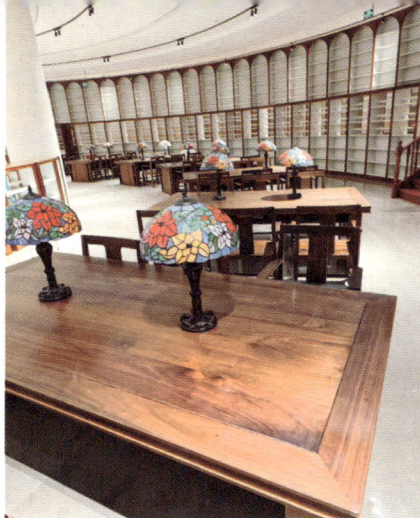

这样的环境，无疑是每一位求学者梦寐以求的知识殿堂，让人在学习的同时，也能感受到一份来自环境的尊重与激励。

◇◇ 中山大学食堂——美食大厦

结束图书馆的探索，我踏上了前往另一校区食堂的旅程，心中充满了对未知的好奇与期待。

然而，当我步入食堂的那一瞬，眼前的景象彻底颠覆了我的想象。

四层楼高的食堂，其规模之宏大，布局之精致，恍若步入了一座美食的殿堂，而非寻常意义上的校园食堂。

每层楼都是一方独特的美食天地，从传统的地方小吃到国际风味料理，琳琅满目，应有尽有，仿佛走进了一个集天下美食于一身的大型美食广场。

在这样一座"美食大厦"中，我成了一名在美食海洋中遨游的探险家，从一楼的家常菜到二楼的异域风味，再到三楼的特色小吃，直至顶层的甜品与饮品，每上一层，选择的难度便增加一分。

每一道菜肴都散发出诱人的香气，令人垂涎欲滴，我在这份幸福的烦恼中徘徊良久，难以抉择。

这不仅仅是一餐饭，更是一次灵魂的旅行，是对生活美学的一次深刻体验。

望着眼前琳琅满目的菜肴和新鲜的水果，我不禁感慨，如此丰盛的一桌，价格却亲民得让人难以置信，简直就是性价比的极致体现。

几十元的花费，换来的不仅是视觉上的盛宴，更是味蕾的狂欢。

每一道菜都色泽诱人，香气扑鼻，让人一眼就能感受到厨师的用心与食材的新鲜，真正做到了物美价廉。

当味蕾与这些佳肴相遇，那是一种难以言喻的美妙体验。

猪蹄的软糯、鸡腿的鲜嫩多汁、小龙虾的香辣可口、鱼肉的细腻滑爽，每一口都是对味觉的极致挑逗，让人欲罢不能，直到盘底朝天才肯罢休。

可以说，这些菜品的味道远远超出了我的预期，美味得让人难以忘怀。

唯独那黄碗中盛放的点心，我后来得知是一种地道的广东特色，对我这个外地人来说，其独特的风味确实是个挑战。

微妙的甜中带咸，夹杂着不

常见的香料味道，虽说是当地人的心头好，我却遗憾地发现自己未能完全欣赏它的美妙，因此剩下了一些。

这小小的遗憾，反而成了这次用餐经历中一抹有趣的注脚。

回想起自己的大学时光，若是当年的食堂能有这般丰富的选择和出色的烹饪水平，我恐怕早已在享受美食的道路上"幸福肥"了，增重十斤恐怕还是保守估计。

毕竟，在这样充满诱惑的环境下，保持身材真是一件需要极大毅力的事情。

◇◇ 中山大学——浓厚的学习氛围

真正令我心生向往的，是那些能在如此卓越环境中学习的佼佼者。

在这片汇聚了五湖四海精英的土地上，他们肩并肩，心连心，共同追寻知识的光芒，彼此间的共鸣与激励，构成了最坚实的盟友关系。

在这里，志趣相投不仅仅是一种偶然，而是日常的风景，每个人都怀揣着对未来的无限憧憬，携手并进，在追求卓越的道路上，彼此成就，共同书写着青春的辉煌篇章。

反观自己的经历，努力与奋斗似乎成了一种孤独的修行。

在那个环境下，个体的进取往往与周围的氛围格格不入，那些选择安逸、沉溺于游戏的同学，构建了一个截然不同的生活图景。

他们的日子看似轻松自在，却也缺少了一份对未来的深思与筹备。

当夜幕降临，宿舍里回荡的是游戏的喧嚣与闲聊的欢笑，而那些选择在书桌前挑灯夜战的身影，则显得格外突兀，甚至被贴上"孤僻"与"不合群"的标签。

在这样的背景下，追求更高的学术目标，如考研，往往意味着要做出更多的牺牲与选择。

为了寻觅一片更适宜学习的净土，许多人不得不告别集体生活的便利，独自在外租房，以此换取更为专注与宁静的学习环境。

这种看似无奈的决定，实则是对梦想的坚持与对自我的挑战，每一步虽艰难，却也更加坚定了前行的步伐。

在这一路上，他们学会了独立，学会了如何在孤独中成长，更学会了珍惜那份因追求卓越而生的坚忍与不屈。

然而，在中山大学这样的高等学府，情况则截然不同。

在这里，你不再是孤独的行者，你置身于一群同样怀揣梦想、勇于追梦的伙伴之中。

关于学业的探讨与对未来蓝图的构想，成了餐桌上、走廊间永恒不变的话题。

在这浓厚的学术氛围中，彼此间的交流与思想碰撞，犹如甘露滋养着心灵，让人产生共鸣，感受到前所未有的归属感。

在这里，每个人都在无形中成为彼此梦想旅途中的同行者与激励者，那份曾经的孤独与挣扎，渐渐被理解与支持取代。

偶尔，当你想要放松片刻，沉浸于游戏的世界时，内心的"负

罪感"或许会悄然而至。

因为在这样一个积极向上、充满竞争与合作的环境中，每个人都被无形的高标准驱动着，深知时间的宝贵与机会的难得。

环境的力量，于此处展现得淋漓尽致，它不仅塑造了人的行为模式，更深层次地影响着人的价值观念与追求。

这份由环境催生的责任感与自律，正是我面对眼前景象时，内心涌动着深深羡慕之情的根本原因。

曾几何时，我也幻想过，在这样一个充满正能量、鼓励探索与创新的氛围中奋力前行，那样，或许我内心的孤寂与挣扎就会大大减轻，迷茫的雾霭也会被梦想的光芒驱散。

在这里，每个人都被赋予了追求卓越的勇气与力量，那份对知识的渴望与对梦想的执着，成了连接彼此的最强纽带，让前行的道路不再孤单，让心灵找到了真正的归宿。

余老师感悟与寄语 ///

◎ 有时，当我目睹那些名校学子勤勉的身影，他们的付出似乎并不亚于高三时的我们，甚至更为艰辛，我不禁陷入沉思：我四处奔波，用心记录，努力传播这一切，背后的动机是否正当？我所传递的信息，是否会在无形中加剧了这个社会对于"内卷"的焦虑？这样的疑惑盘旋心头，直至某个雨夜，我在出租车狭小的空间内，亲眼看见了一场意外——一位外卖小哥在倾盆大雨中不慎滑倒，精心打包的餐食散落一地，而他，带着一身疲惫与雨水，迅速站起，继续他的征程。这一幕深深触动了我，让我顿悟：在这个世界，每个人都在承受着生活赋予的重负，不同之处在于，我们能选择承受何种形式的磨难。并非人人都愿意承受风吹日晒的辛劳，或是深夜独行街头等待顾客的孤寂，更不用说那些在职场底层挣扎，生怕一个微小的失误便饭碗不保的"辛酸"。而提升自我，追求更高层次的教育，虽需经历书山题海的"苦读"，却能在未来为你赢得一份体面、稳定的工作环境。在那里，或许只需要你在凉爽的空调房内，运用智慧解决问题的。

◎ 这种苦，相较于生活的无常与艰辛，无疑是一种更为可期的"甜"。因此，我坚持传递的不仅仅是关于"竞争"的信息，更是对未来的投资与规划。你今日所洒下的汗水，每一分努力，

265

都是在为自己铺设一条更为平坦的道路。这条路，或许不会轻易被风雨侵蚀，能让你在面对生活的不确定时，多一份从容选择的自由。

◎ 记住，你的努力，终将照亮你前行的方向，让你在未来的日子里，得以拥抱那份由自己创造的更加光明和宽广的世界。

种一棵树最好的时间是在十年前，其次是现在
——中大学子采访记

姓名：安思頔
专业：中国语言文学系

又是一年初夏，广州的木棉尽数凋零，榕树也已枝丫繁茂，绿树葱茏，不知道康杰中学的梧桐是否也已在哈佛大道上投下一片清凉了。

恍然间发现，距离高考已经过去三年。

说起高考，似乎已经是很遥远的事情了，但此刻静下心来回味，我的学习之路并不像外人所看到的那样一帆风顺，在无数次的跌倒与爬起以及汗水和艰辛中，我也摸索出了一条适合自己的道路，现在把它分享给大家，希望能够给处在人生十字路口的你一些帮助。

我的家乡运城是著名的高考"山河四省"之一山西省一个不起眼的三线小城市，重点学校少，教育资源紧张，竞争压力大。家长眼中一个默认的通往"重点学校之路"是：人民路小学——实验中学——康杰中学，这三所学校分别对应我们市里小、初、高最好的学校，也是全市小孩挤破头想要进入的"梦校"。我很幸运地沿着这条路一直走了下来，但其中也充满了起伏和转折。

小学时，我成绩优异，是老师和同学们眼中的佼佼者。当时的我对于学习充满了热情和好奇心：喜欢阅读各种书籍，喜欢探索知识的海洋，上课认真听讲，勤奋完成作业，每次考试都能取得前三名的优异成绩。那时候，我是班上的学习委员，是老师和同学们眼中的好学生。不过当时的我还是一个内向文静的小女孩，上课不敢和老师对视，回答问题也很小声，导致我一直以来遇到困惑和疑问都不敢去询问老师同学。

然而，进入初中后，随着课程的难度增加与考试难度提升，竞争也变得更加激烈。尤其是初二加入物理之后，对于理科并不感兴趣的我开始感到有些力不从心，成绩也逐渐下滑。我也渐渐开始怀疑自己，甚至有时候会对学习产生厌倦的情绪。但是，我并没有放弃。我花了很长时间克服自己的心理压力，一向胆小内向的我鼓起勇气去向班里的第一名请教，也渐渐能够单独向老师提问。

针对弱科，我一般会提前课堂内容好几步开始预习，先从课本知识、例题、课后题学起，并提前将练习册里会做的题做完，配合着老师课上的讲解一步一步把自己不懂的知识搞懂，成绩也小有起色。后来利用一些教辅资料，在老师布置的作业之外开始做一些课外题。

本来在重点初中成绩倒数的我，经过不断改善学习方法，在课外不松懈地学习，终于考上了市里最好的重点高中——康杰中学。中考成绩靠前的同学都进了重点班，我虽然中考成绩平平无奇，只是考进了普通班，但初中养成的学习习惯和方法也让我的高中学习没有那么费劲。

山西高考在我们这一届还是文理分科的，所以从高一一进学校开始，热爱人文的我就把目标瞄准了文科重点班。普通班一个班有 70 名同学，想要在高二分科时进入重点班，前 20 就是比较保险的排名。对文科感兴趣的我政史地和语文一直都是班里的前十名，但是理综确实是让人头疼的科目，因此高一我沿用了初中学理科的方法，并利用了错题本，时不时翻出来看一看，成绩倒是保持在了中游。终于功夫不负有心人，高二分班时，我如愿以偿地进入了文科重点班。

看起来如爽文一般逆袭的高一，其中也有着许多不为人知的心酸和泪水。虽然是在重点高中，但普通班的氛围算不上好：大家普遍都对文科嗤之以鼻，认为文科以后找不到好工作，因此全都荒废了政史地的学习，每天都在埋头刷题。作为班里为数不多下定决心学文科的人，和大家没有什么共同话题，我独自一人上下学，一人去食堂吃饭，就连考试前后大家凑在一起热热闹闹讨论试卷答案，讨论放假去哪玩的时候，我也是一个人默默地背诵着政史地笔记，订正试卷。在寒风凛冽的冬日早晨，天亮得晚，我便披星戴月地离开温暖的被窝，第一个到教室背书。当大家都在暖气很足的教室里昏昏欲睡时，我一人站在教室门口吹着冷风一遍遍背诵着政史地笔记。那段日子只有星月和草木与我做伴，孤独的高一时光锻炼了我沉静的内心，让我不再浮躁，一步一个脚印坚定地走下去。

高二进了文科重点班以后，班里人数缩减到 40 人，氛围也和以前大不相同：大家都是对人文怀着赤诚的热爱，每天讨论的都是文化与梦想，我们彼此有太多共同话题，共同学习成长。我也逐步建立起一套适合自己的学习路径：对于比较擅长的政治、历史、地理，平时上课认真听讲，下课将所学内容按体系整理到笔记本上，然后第二天早读进行背诵，从不把知识堆到考试前记忆。考试两周前我开始制定复习计划，将每门需要背诵的内容平均分配到空余时间，每科背两轮，最后达到合上书可以从头到尾背下来的熟悉程度。针对弱科数学、英语，我则会在平时多下功夫，这两门我基本上都是提前一周预习并完成相应的课后题和练习册，然后标出自己不太懂的地方，上课重点听讲，之后再订正错题、做课外题加深印象。而语文从小学开始就是我的强势学科，阅读理解和作文是我的强项，再通过总结答题模板，积累作文金句，并养成常看满分作文的习惯来保持语文成绩。这样一来，拥有一整套学习体系的我在文科的总体排名也没有下过前20，在高三又一次分班时成功进入了只有30人的尖子班。

在考上大学之前，我完成了从考不上重点高中→进入重点高中普通班→进入文科重点班→进入尖子班的逆袭，当然，那时的我对自己可以考上顶尖

👉 这里安同学提到的弱科，英语和数学，都是提前一周预习，并提前完成相应的课后题和练习题，然后从这些题目里找出自己的薄弱点，标出来，再在上课的时候重点听，不懂的地方问老师问同学，这是个非常好的学习方法。很多同学之所以某科目成绩差，就很可能不预习，上课的时候也跟不上，导致后面不会的知识点越来越多，久而久之就偏科了。

名校还是没有抱太大信心的，但对这些高等学府都很向往，一步步努力向这些学校看齐，同时也开始为自己量身定制高考复习计划。

关于高三学习计划的制订和考试的反思，我还是有很多心得体会的。通过查询各大顶尖高校每年在山西省文科录取分数线，再结合自己的实际情况给每门课制定一个高考最终

👉 不得不说能考上名校的学生，学习方法是真的不错。就安同学很会去分析自己的现状，每个科目的失分点，以及失分点对应的知识点和导致失分的原因。还建立了非常好的错题集，同时又把错题集进行细致的归类，对题型又进行了总结，这样在往后复习的时候就一目了然，同时也能把不会的点高效率的复习一遍，这是个非常值得借鉴的方法。

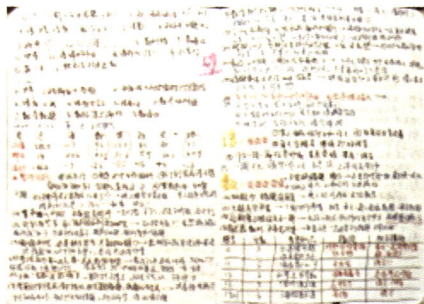

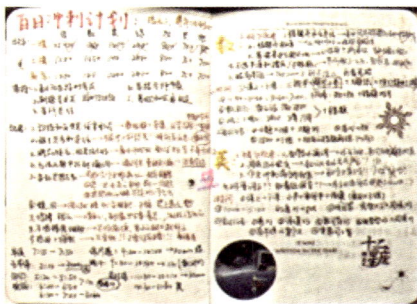

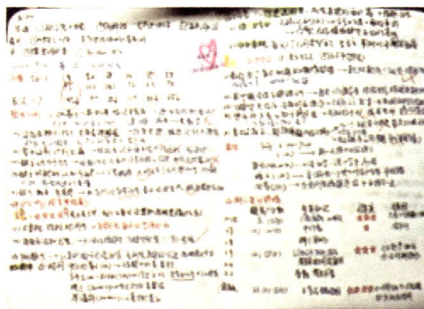

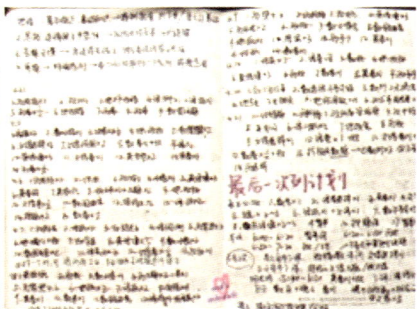

高三的计划本

的目标分数，然后将高二最后一次考试分数与之进行比较，分析每一门差多少分、该如何努力。再将每次月考作为一个学习阶段的划分，每个阶段结束后都会进行反思和对计划进行迭代更新。考试后的反思会分为以下几个模块：成绩和排名波动情况，整体状态分析，每门课的反思。一般来说都会对自己需要保持的部分给予肯定，再通过试卷和整体的学习状态写出不足之处，附上下一个阶段的改进办法。针对具体的课程，我会通过试卷找到自己的失分点，分析原因，再进行针对练习。

另外，我也建立了自己的错题本体系，数学和文综按照章节和知识点模块，用活页本分类改错，遇到相同的知识点就写在一起，总结这一类知识的方法，然后再在自己的课外资料上找到相应的题目进行巩固。而语文和英语则是按照题型总结，比如语文的文言文我会把每一篇文章都剪下来贴在错题本上，并查找出所有不会的字词解释，将文学常识按照主题写在一起，并在第二天早读时背诵和记忆这些内容。

我一改从前胆小的性格，我的身影时常会出现在老师办公室里。每次考完试都会让老师帮我分析失分的原因，平时遇到难题也常去寻求帮助。我

> 👉 任何时候都需要有安同学一样的勇气去问老师题目，因为老师永远是你的圈子里最专业的，同时又是你自己的老师，对你们的学习进度了解得非常透彻，而且还能免费给你讲题，同时还能帮你分析错因，当然也可以去咨询成绩好的同学，也是一种社交能力的提升。总之，学习这件事，不是单枪匹马地去拼，借助合适的力量帮助自己，学习效果会更好。

很幸运，每一位老师都非常有经验，也愿意不厌其烦地为同学们耐心解答。这样一来，通过不断更新自己的学习方法和学习状态，完善自己的知识体系，通过错题本查漏补缺并时常请教老师同学，我的成绩虽然有所起伏，但也在一次次考试中实现了螺旋式上升。

不过具体实践中当然也出现了一些小问题，比如刚开始我仗着自己在文科方面的天赋和优势，将重心放在数学和英语上，经常忽视文科的背诵和做题，导致文综科目合在一起进行考试时我的选择题经常错得一塌糊涂，主观题也常有写不完的情况。这样的结果实在是让人心态忽上忽下，也时常有情绪崩溃、手足无措的时刻。

因此，高三这样压力如山的特殊阶段如果身边有人彼此陪伴、相互打气的话，都会好过一点。我正是在这个特殊的时间节点与班里的一个女生成了至交好友，在某方面我们总有一些无法言说的默契。我们一起吹过冬日的烈风，听过夏日的蝉鸣，一起看过落日晚霞与明月星辰，逃过压抑难熬的晚三自习，争论过难题也共同经历过失望，从破晓陪伴到天黑。还有每周激动人心的《新闻周刊》时刻，所有人都会搬着椅子凑到前排，而我会坐到她的课桌边，偷偷拿出橘子分她一半，一起津津有味地吃起来。

可以说，她陪我度过了至今人生中最重要的一个初夏——我高三的最后两个月。

高三的最后，我们几乎每天都一起留在教室学到快半夜，然后结伴回家。康中风华苑左侧的哈佛大道是我们放学的必经之路，白天两侧的法桐连成荫蔽，三两结伴的学生嬉笑打闹；夜晚它又寂静而漫长，我们就在这条笔直的道路上，或谈论当天的试卷，或诉说对未来的担忧，也共同期盼着属于我们的光明未来。

总之，我考进了初中时自己从未期待过的一所985高校——中山大学，迎来了属于自己的人生新篇章。

自踏入中山大学的那一刻起，我便感受到了这所百年学府所散发出的深厚文化底蕴和学术氛围。初来乍到，我被中大的美景所吸引。绿树成荫的校园，古朴典雅的建筑，还有那些充满活力的学子们，都让我感到无比的新奇和兴奋。然而，随着时间的推移，我逐渐发现，这所大学的魅力远不止于此。

在学术方面，这里有着一流的师资力量和丰富的教学资源，为我们提供了广阔的学习平台。虽然一开始我是踩线进入了自己并不喜欢的外语专业，但通过努力我成功转入自己热爱的中文系，并在这里遇到了许多优秀的老师和同学。他们不仅教会了我专业知识，更引导我如何去思考、去创新、去合作。中大中文系有一个传统，就是大一要读许多世界名著，进行50篇的学术写作训练，也是在这个过程中，我逐渐学会如何规范地进行学术研究和学术写作，学会了如何用一名研究者的眼光去看待这些文学作品。

除了学术上的收获，我还积极参加各种社团活动和实践项目。通过参与志愿者活动，我感受到了满足；通过参加学术竞赛，我锻炼了自己的能力和技巧；通过与不同背景的人交流，我拓宽了自己的视野和思维方式。国旗班是我从大一一入学就加入的社团，从一开始的队员到现在成为能够扛起大梁的副队长，在一次次的升旗仪式、一遍遍的训练中我不仅收获了作为一名升旗手的自豪感，也收获了与同学们合作共赢、并肩作战的团体意识。

回顾这三年在中山大学的求学之路，我深感自己收获了很多。这里不仅是一个书香四溢的校园，更是一个让我不断成长和进步的试炼场。我感谢高考的逆袭让我步入新的人生阶段，也感谢中山大学给予我的一切机会和经历，以及那些陪伴我一起走过这段路程的人。

最后是一些我想对大家说的心里话：进入大学后我才发现，世界光怪陆离，充满着不期而遇的惊喜，也同时存在着危机。曾经被我视作苦难的十年寒窗，如今却是我在面对坎坷挫折的慰藉，也成为我应对更为复杂的难题与挑战时毫不退缩的底气。

曾有人在我高二荒废学业的那些日子里跟我说："种一棵树最好的时间是在十年前，

在学习上所有的付出都是值得的，而且会加倍回报。当安同学度过了一个又一个孤独的日子，第一个到教室，在冷风中背书，一个人吃饭，别人玩的时候自己在默默地学习，走过了最艰辛的时光后，迎来了她的人生高光时刻—考入了中山大学。在中山大学里，遇到了更优秀的同学、老师，参加了各类社团，锻炼了宝贵的能力，也有了不错的未来。这就是努力读书的意义。

其次是现在。"这句话我一直记到现在。我想告诉你的是，人生什么时候开始都不晚。反正不管什么时候开始，都是一半冰霜路，一半艳阳天。这一路我经过的风风雨雨都不断在向我诉说着一个人生道理：那就是无论身处人生的哪个阶段，你或许感到压力巨大，或许紧张和迷茫，但请相信，所有的当下都是最好的时刻，所有的付出和努力都不会白费。故事终会落幕，好事坏事也终会了结，但人生的道路却还有很长，每一个瞬间都值得我们去细细品味。

愿每个你都能在每个当下找到属于自己的那条路，愿它是条好路；或者纵使是绝路，也能无怨无悔。